Claus Mikosch
Der kleine Buddha
auf dem Weg zum Glück

Der Freundschaft gewidmet

CLAUS MIKOSCH

Der kleine Buddha

auf dem Weg zum Glück

HERDER

FREIBURG · BASEL · WIEN

Inhalt

Geleitwort

Als ich den ersten Band des kleinen Buddha geschrieben habe, wollte ich einfach ein paar inspirierende Gedanken und Geschichten zu Papier bringen, um sie später mit Freunden zu teilen. Ich war im Hier und Jetzt und habe nicht wirklich an die Zukunft gedacht – schon gar nicht an ein mögliches 10-jähriges Jubiläum bei einem großen Verlag! Und doch ist genau das nun geschehen: Der kleine Buddha feiert mit dieser Sonderedition des ersten Bandes 10 Jahre beim Verlag Herder. Dafür möchte ich mich bedanken – natürlich beim Verlag, aber vor allem auch bei den vielen Menschen, die den kleinen Buddha in ihr Herz geschlossen und somit geholfen haben, dass seine Reise weitergeht. Auf die nächsten 10 Jahre!

Der kleine Buddha

*E*s war einmal ein kleiner Buddha, der vor langer Zeit in einem fernen Land lebte. Sein Zuhause war ein flacher Stein unter einem großen alten Bodhi-Baum. Dort saß er jeden Tag und meditierte.

Er atmete ganz tief und ganz ruhig, ein und aus, ohne an etwas Bestimmtes zu denken. Sein Herz schlug dabei langsam und gleichmäßig, und sein ganzer Körper war still. Manchmal beobachtete er während seiner Meditation die Wolken, wie sie friedlich am Himmel vorbeizogen. Meistens hatte er jedoch die Augen geschlossen und hörte einfach dem unsichtbaren Wind zu. Selbst die Nächte verbrachte er so.

Der kleine Buddha meditierte gerne und er liebte seinen Platz unter dem großen alten Bodhi-Baum. Dennoch fühlte er, dass etwas in seinem Leben fehlte. Etwas ganz Wichtiges, das er brauchte, um vollkommen glücklich zu sein, und das ihm weder die Wolken am Himmel noch die Bäume am Boden geben konnten. Etwas, das durch nichts in der Welt ersetzt werden konnte und nach dem sich jeder Mensch sehnte.

Schon seit einiger Zeit hatte er völlig verzweifelt versucht, irgendwie ohne dieses Etwas auszukommen, aber alle Versuche waren vergeblich geblieben. Es war zum Verrücktwerden. Selbst sein ruhiger Atem, der normalerweise immer eine Lösung für alle Probleme war, konnte ihm dieses Mal nicht helfen.

Was dem kleinen Buddha fehlte, war der Kontakt zu anderen Menschen.

Die meiste Zeit war er völlig alleine.

Er hatte nur einen einzigen Freund, einen Bauern, der ungefähr eine Stunde Fußmarsch entfernt lebte. Doch der Bauer war immer sehr beschäftigt, er musste von morgens bis abends auf seinen Feldern arbeiten. Er hatte also keine Zeit, um dem kleinen Buddha Gesellschaft zu leisten. Und ansonsten gab es niemanden, der ihn unter seinem Baum besuchte.

Natürlich gab es auch zahlreiche Momente, in denen der kleine Buddha das Alleinsein genoss. Aber die ganze Zeit? Jeden Tag, jede Nacht, immer alleine? Nein, das war selbst für ihn zu viel Einsamkeit. Schließlich war der kleine Buddha ein Mensch wie jeder andere auch und es gab keinen Menschen auf der Welt, der immer alleine sein wollte.

Eines Tages, als der Bauer gerade mal wieder kurz zu Besuch da war, riss dem sonst so ruhigen kleinen Buddha der Geduldsfaden.

„Ich habe keine Lust mehr, ständig alleine zu sein!", sagte er völlig frustriert.

„Wieso das denn?", fragte der Bauer ganz erstaunt. „Ich dachte, du bist gerne alleine."

„Ja, manchmal bin ich das auch. Aber nicht die ganze Zeit." Der kleine Buddha wirkte sehr traurig, fast schon verzweifelt.

Sein Freund, der Bauer, wollte ihm helfen, doch er wusste nicht wie. Er selbst musste schließlich viel arbeiten und konnte deshalb nicht öfter zu Besuch kommen. Plötzlich hatte er aber eine Idee.

„Warum machst du nicht mal Urlaub?"

Der kleine Buddha guckte den Bauern ganz verdutzt an.

„Ich soll Urlaub machen?"

„Ja genau. Verreise eine Weile und schau dir an, was sonst noch so in der Welt passiert. Auf einer Reise lernt man immer viele verschiedene Menschen kennen und von anderen Menschen kannst du eine Menge über das Leben lernen. Außerdem hast du dann auch viel Gesellschaft und bist nicht mehr die ganze Zeit alleine, und das ist doch genau, was du willst, oder?"

Die tiefe Verzweiflung, die der kleine Buddha gerade noch verspürt hatte, wurde langsam durch Zuversicht ersetzt.

„Auf Reisen gehen ...", dachte er.

„Andere Menschen kennenlernen ..."

Ein Lächeln kehrte in sein Gesicht zurück.

„Weißt du was, das ist eine hervorragende Idee. Ich werde gleich morgen früh aufbrechen."

Der Bauer freute sich, dass es dem kleinen Buddha wieder besser ging, denn nichts war schlimmer, als einen Freund zu haben, der traurig war und dem man nicht helfen konnte.

„Sorge nur dafür, dass du irgendwann wieder unter deinen Bodhi-Baum zurückkommst."

„Natürlich werde ich zurückkommen", sagte der kleine Buddha. „Aber zuerst werde ich mir jetzt die Welt ansehen. Ich bin schon ganz gespannt, wen ich so alles treffen werde. Vielen Dank für deine Hilfe, mein Freund. Du hast recht, manchmal sollte auch ein kleiner Buddha Urlaub machen."

Da er ein einfaches Leben führte, musste er keine aufwendigen Reisevorbereitungen treffen. Von dem Bauern hatte er eine schöne Umhängetasche geschenkt bekommen und in diese Tasche packte er eine Decke zum Schlafen, ein paar Äpfel für die erste Etappe und einen kleinen weißen Stein. Als Erinnerung an sein Zuhause.

Am darauffolgenden Tag verabschiedete sich der kleine Buddha dann frühmorgens von dem großen alten Bodhi-Baum und machte sich auf den Weg. Er marschierte geradeaus in die Richtung, in der die Sonne soeben aufgegangen war.

Ein bisschen nervös war er dabei schon, denn er wusste ja nicht, was ihn fernab seiner Heimat so alles erwarten würde. Doch vor allem war er glücklich, dass der Bauer diese Idee mit dem Urlaub gehabt hatte. Auch wenn sein Platz unter dem großen alten Bodhi-Baum an Schönheit und Ruhe kaum zu übertreffen war, so war er doch davon überzeugt, dass ein Buddha nicht dafür gemacht war, sein ganzes Leben unter einem Baum zu sitzen.

Seine Reise hatte begonnen.

Die mutige Witwe

Vom Geheimnis, loszulassen

*E*inen halben Tag war der kleine Buddha bereits unterwegs, als er beschloss, endlich die erste richtige Pause einzulegen. Seine Füße schmerzten unheimlich, denn er war es nicht mehr gewohnt, so viel zu wandern. Die letzten Jahre hatte er ja immer nur unter seinem Baum gesessen.

Kurz hinter einer Kreuzung verließ er den Weg und ging ein paar Schritte die Böschung hinunter. Er kam an einen kleinen Bach, in dem frisches Wasser aus dem nahe gelegenen Gebirge floss. Eine kühle Erfrischung war jetzt genau das Richtige. Er stillte seinen Durst und setzte sich anschließend neben dem Bach in das Gras und meditierte eine Weile.

Nachdem er sich erholt hatte, kletterte er die Böschung wieder hinauf und wollte gerade seine Reise fortsetzen, als er eine junge Frau bemerkte. Sie kam von der Kreuzung aus in seine Richtung. Neugierig, wie er war, blieb er stehen.

Die Frau trug eine große Tasche in der einen Hand und mit der anderen Hand stützte sie einen runden Korb ab, den sie auf ihrem Kopf balancierte.

„Hallo", sagte der kleine Buddha.

„Hallo", sagte die junge Frau im Vorbeigehen. Der kleine Buddha begann, neben ihr zu gehen.

„Du hast aber viel Gepäck. Soll ich dir beim Tragen helfen?"

Nun blieb die junge Frau stehen. Sie lächelte und nahm den großen runden Korb von ihrem Kopf herunter.

„Das wäre sehr nett von dir."

Sie nahm den einen Griff des Korbes mit ihrer linken Hand und der kleine Buddha nahm den anderen Griff mit seiner rechten Hand. Zusammen gingen sie so weiter den Weg entlang.

„Wohin gehst du?", wollte der kleine Buddha wissen.

„In die große Stadt", sagte die junge Frau. „Und du?"

„Ich gehe einfach geradeaus", antwortete er fröhlich. „Dort, wo das Schicksal mich hinführt."

„Du weißt nicht, wo du hingehst?", fragte daraufhin die sichtlich überraschte Frau.

„Nein", erwiderte der kleine Buddha. „Weißt du, ich mache gerade Urlaub, da ist es nicht so wichtig zu wissen, wo ich hingehe. Die Hauptsache ist, dass ich mal etwas anderes mache, als die ganze Zeit alleine unter meinem Baum zu sitzen."

Der Nachmittag hatte gerade angefangen und ein langer Weg lag noch vor ihnen. Der kleine Buddha wusste zwar nichts über die Stadt, aber er beschloss dennoch, einfach mitzugehen. Warum auch nicht, er hatte ja keinerlei Pläne für seine Reise gemacht. Er freute sich, endlich etwas Gesellschaft zu haben. Außerdem konnte er so der Frau weiterhin beim Tragen helfen.

Es war ein schönes Gefühl, jemandem zu helfen.

„Wo ist denn dein Zuhause?", wollte er von der Frau wissen.

„Ich komme aus einem Dorf direkt am Meer. Ich habe dort mein ganzes Leben verbracht. Bis jetzt."

Die junge Frau wurde für einen Moment nachdenklich. Sie wirkte traurig.

„Magst du das Meer nicht mehr?", fragte der kleine Buddha vorsichtig.

„Doch, ich liebe das Meer. Es ist traumhaft schön. Aber ich habe mich in meinem Dorf nicht mehr wohlgefühlt und deswegen gehe ich jetzt in die Stadt. Es ist Zeit für eine Veränderung."

„Warum hast du dich denn in deinem Dorf nicht mehr wohlgefühlt?", fragte der kleine Buddha.

„Das ist eine lange Geschichte. Aber wir haben ja genügend Zeit, da kann ich sie dir ja einfach erzählen." Während sie also gemeinsam den runden Korb trugen und in die Richtung der großen Stadt gingen, erzählte die Frau dem kleinen Buddha ihre Geschichte.

Als ich zwanzig Jahre alt war, habe ich meinen Mann geheiratet. Wir hatten eine wunderschöne Hochzeit in unserem Dorf, ein großes Fest mit all unseren Freunden und der gesamten Familie. Wir waren beide sehr glücklich und wollten Kinder haben. Doch ein Jahr später ist mein Mann dann plötzlich gestorben. Es war ein Unfall, er ist mit seinem Fischerboot in einen schweren Sturm geraten und ertrunken. Ich wurde also über Nacht zur Witwe. Für mich ist damals eine Welt zusammengebrochen, wochenlang habe ich nur geweint.

Nach einigen Monaten der Trauer ging es mir dann aber langsam wieder besser. Ich wollte einen Neuanfang starten, denn schließlich lebte ich. Es stellte sich jedoch schnell heraus, dass ein Neuanfang in meinem Dorf unmöglich war. Die Leute waren der Meinung, eine Witwe müsste ihr restliches Leben in Trauer verbringen. So will es die Tradition. Ich sollte keinen neuen Mann haben dürfen, nie mehr lachen, nie mehr glücklich sein. Ich kam mir vor, als wäre ich selbst auch ertrunken.

Eine ganze Zeit lang habe ich mich dieser Tradition gefügt, denn ich war zu schwach, um mich gegen die Meinung der anderen zu wehren. Irgendwann kam dann aber der Punkt, an dem ich eine Entscheidung treffen musste: entweder in meinem Heimatdorf zu bleiben, alleine und für ewig traurig, oder irgendwo anders ein neues Leben anzufangen. Und vielleicht wieder glücklich zu werden.

Ich liebe mein Dorf, das Meer und auch meine Freunde und meine Familie. Aber all das erscheint wertlos, wenn ich ge-

zwungen bin, unglücklich zu sein. Ich denke noch oft an meinen verstorbenen Mann, denn schließlich habe ich ihn sehr geliebt. Aber ich bin der Meinung, dass ich lange genug traurig war, und deshalb will ich jetzt nach vorne schauen. Da ich das in meinem Dorf nicht kann, habe ich mich für einen Neuanfang woanders entschieden. Ich habe mich entschlossen, ein völlig neues Lebenskapitel aufzuschlagen.

Der kleine Buddha hatte die ganze Zeit aufmerksam zugehört. Es war eine sehr traurige Geschichte, aber er bewunderte den Mut der jungen Frau. Was er jedoch nicht verstand, war das Verhalten ihrer engsten Mitmenschen.

„Warum helfen dir denn deine Freunde und deine Familie nicht? Wollen sie etwa auch, dass du für den Rest deines Lebens traurig bist?"

Die junge Frau zögerte einen Moment, bevor sie antwortete.

„Nein, ich glaube nicht, dass sie wollen, dass ich traurig bin. Aber dennoch haben sie mich nicht unterstützt, das stimmt. Ich glaube, sowohl meine Familie als auch meine Freunde sind zu sehr in der Tradition gefangen. Sie haben Angst davor, einen Fehler zu machen. Angst davor, vielleicht plötzlich alleine dazustehen, ohne die Sicherheit zu haben, dass das ganze Dorf mit ihnen einer Meinung ist. Wegen dieser Angst machen sie lieber alles so, wie sie es schon immer getan haben."

Die Frau schwieg für einen Moment.

„Es kann sein, dass alle Menschen in meinem Dorf glücklich sind mit dieser Art und Weise des Lebens. Ich bin es jedoch nicht."

Der kleine Buddha war sich sicher, dass er in ihrer Situation auch nicht glücklich gewesen wäre. Wie er so darüber nachdachte, hoffte er, dass er auch den nötigen Mut gehabt hätte, trotz der vielen Schwierigkeiten einen Neuanfang zu wagen.

„Weißt du", fuhr die junge Frau fort, „es gibt Dinge, die kann man nicht ändern, auch wenn man es sich noch so sehr wünscht. Man muss sie einfach so akzeptieren, wie sie sind. Andere Dinge hingegen kann man ändern und in diese sollte man seine Energie stecken. Mein Mann ist tot, ob ich will oder nicht. Aber ich selbst lebe und es liegt an mir, ob ich ein trauriges oder ein glückliches Leben führen werde."

Sie blieben für einen Moment stehen, schauten sich an und hatten beide ein Lächeln auf ihren Gesichtern. Die junge Frau war froh, dass sie ihr Dorf verlassen hatte und sie somit

nicht mehr traurig sein musste. Der kleine Buddha war seinerseits froh, dass er sich entschieden hatte zu verreisen und somit nicht mehr die ganze Zeit alleine war.

Schweigend gingen sie weiter, beide mit dem gleichen Gedanken:

„Manchmal muss man einfach
den Mut aufbringen,
den ersten Schritt zu machen."

Eine Entscheidung treffen. Eine Richtung wählen. Und dann aufhören nachzudenken und einfach losgehen.

Der kluge Professor

Vom Geheimnis, offen zu sein

*G*egen Abend kamen der kleine Buddha und die junge Frau in ein entlegenes Dorf. Eigentlich hätten sie noch etwas Zeit gehabt, weiter in Richtung Stadt zu gehen, aber sie beschlossen, die Reise erst am nächsten Tag fortzusetzen. Sie waren beide müde von dem langen Tagesmarsch.

Das Glück wollte es, dass noch genau zwei Betten in der einzigen Gaststätte des Dorfes frei waren. Der Wirt nahm die beiden freundlich in Empfang, zeigte ihnen ihre Zimmer und begann, ein leckeres Abendessen für die hungrigen Reisenden vorzubereiten. Bald roch es im ganzen Haus so köstlich, dass einem das Wasser im Mund zusammenlief. Und als ob das alles noch nicht genug des Guten gewesen wäre, hatte die Gaststätte noch etwas anderes zu bieten: eine Terrasse mit fantastischem Blick auf ein weites, wunderschönes Tal.

Während der kleine Buddha und die junge Frau auf das Essen warteten, machten sie es sich in zwei Hängematten auf der Terrasse bequem. Es gab nichts Schöneres, als sich nach einem anstrengenden Tag ein wenig auszuruhen und dabei die langsam untergehende Sonne zu bewundern.

Das Essen übertraf seinen eigenen Duft. Der kleine Buddha und die junge Frau fühlten sich wie im Paradies. Nachdem sie zu Ende gegessen hatten, blieben sie noch eine Weile sitzen und tranken Tee.

Der kleine Buddha dachte darüber nach, was ihn wohl in der Stadt erwarten würde. Er war noch nie in einer großen Stadt gewesen. Er stellte sie sich vor wie zehn große Dörfer. Ein Riesendorf. Voll mit Menschen und Möglichkeiten.

Die junge Frau freute sich ebenfalls auf die Stadt, aber sie hatte gleichzeitig auch ein bisschen Angst. Sie fühlte sich unsicher, denn sie hatte nie einen Beruf gelernt. Sie war noch nicht einmal richtig zur Schule gegangen. In ihrem Dorf hatte sie sich seit ihrer Kindheit immer nur um das Haus gekümmert. Waschen, putzen, einkaufen, kochen. Zuerst in ihrem Elternhaus, später in dem Haus der Familie ihres Mannes. Sie hatte nie ihr eigenes Geld verdient, weil sie nie welches gebraucht hatte. Jetzt war ihre Situation jedoch auf einmal ganz anders. In der Stadt brauchte man viel Geld, um zu überleben. Und um Geld zu verdienen, musste man arbeiten.

„Ich weiß nicht, wie ich in der Stadt Arbeit finden soll", sagte sie dem kleinen Buddha, der immer noch über die Möglichkeiten des riesigen Dorfes nachdachte.

„Ich fühle mich manchmal ziemlich hilflos, wenn ich bedenke, dass ich keine Fähigkeit habe, mit der ich Geld verdienen könnte. Als würde ich fischen gehen ohne Angel oder Netz. Wie soll ich da überleben?"

Der kleine Buddha kehrte aus seinem Tagtraum zurück und begann, über die Sorgen seiner Weggefährtin nachzudenken. Es gab bestimmt einen Weg, der jungen Frau zu helfen.

Während er angestrengt grübelte, kam auf einmal ein älterer Mann zu ihrem Tisch herüber. Er hatte eine runde Brille auf der Nase und eine Pfeife im Mund.

„Entschuldigung", sagte der Mann zögerlich, aber bestimmt. „Ich saß am Nachbartisch und habe zufällig mitgehört. Wenn ihr mir erlaubt, möchte ich euch gerne eine Geschichte erzählen. Eine wahre Geschichte, die ich kürzlich von einem Freund gehört habe."

Der alte Mann zog an seiner Pfeife und guckte dabei die junge Frau halb fragend, halb überredend an. „Eine Geschichte über Wissen und Fähigkeiten."

Die junge Frau war etwas verdutzt, wenn nicht gar leicht erschrocken. Aber sie war auch neugierig herauszufinden, warum der Mann sie auf ihre Sorgen angesprochen hatte.

„Darf ich?", fragte der Mann, auf einen freien Stuhl am Tisch deutend.

Der kleine Buddha und die junge Frau nickten.

„Danke", sagte der Mann und setzte sich zu ihnen an den Tisch. „Ich bin mir sicher, dass euch die Geschichte gefallen wird."

Obwohl er ein Fremder war, erschien er dem kleinen Buddha und der jungen Frau sehr vertraut. Er hatte eine ruhige und zugleich faszinierende Ausstrahlung.

„Da bin ich jetzt aber gespannt", sagte die junge Frau mit einem vorsichtigen Lächeln.

Der alte Mann zog ein weiteres Mal an seiner Pfeife und begann mit der Geschichte.

Vor vielen Jahren segelte ein großes Schiff mit Namen „Desperado" von der einen Seite des Ozeans zur anderen. An Bord waren der Kapitän und seine Besatzung, die Fracht und ein Professor. Der Professor hatte zwei Jahre lang geforscht und kehrte nun in seine Heimat zurück.

Auf der langen Schifffahrt passierte es recht häufig, dass der Kapitän und seine Besatzung in der Kabine des Professors saßen, um von dessen Weisheiten zu lernen.

Manchmal prüfte der Professor das Allgemeinwissen seiner Zuhörer.

„Nun sagt mir, was wisst ihr über Geografie?", fragte er zum Beispiel.

„Wir haben keine Ahnung, was das ist", antworteten sie.

„Was? Ihr wisst nicht, was Geografie ist? Mein Gott. Geografie ist die Wissenschaft der Erde. Was habt ihr bloß mit eurem Leben angefangen?"

Der Kapitän und seine Besatzung waren leicht verlegen. Was hatten sie bloß mit ihrem Leben angefangen? Warum wussten sie nicht, was Geografie war? Sie alle fühlten sich ziemlich dumm.

An einem anderen Tag versammelten sich der Kapitän und seine Besatzung wieder in der Kabine des Professors. Dieser wollte erneut herausfinden, was seine Zuhörer wussten.

„Dann sagt mir doch mal, was ihr über Mathematik wisst?"

„Wir haben keine Ahnung, was das ist."

„Wie bitte? Ihr wisst auch nicht, was Mathematik ist? Mathematik ist die Wissenschaft der Zahlen. Ihr habt euer ganzes Leben verschwendet, ich kann's gar nicht glauben."

Der Kapitän und seine Besatzung waren jetzt noch verlegener. Es schien, als ob sie wirklich sehr dumm wären, und ihr Leben wirkte auf einmal völlig wertlos.

Einige Tage später saßen alle wieder in der Kabine des Professors.

„Ich will euch noch eine Frage stellen: Was wisst ihr über Biologie?"

„Bitte sagen Sie es uns, wir haben keine Ahnung."

„Das gibt's doch überhaupt nicht! Ihr wisst auch nicht, was Biologie ist? Biologie ist die Wissenschaft der Zellen und der Tiere und … Was wisst ihr eigentlich? Wie ich euch bereits gesagt habe, ihr scheint wirklich euer ganzes Leben verschwendet zu haben."

Der Kapitän und seine Besatzung waren wiederum sehr verlegen und fühlten sich mittlerweile fast schon deprimiert – was hatten sie bloß mit ihrem Leben gemacht?

Zwei Tage später segelte die „Desperado" durch einen schweren Sturm. Auf einmal kam einer der Matrosen zur Kabine des Professors gelaufen und klopfte aufgeregt an die Tür.

„Professor, kommen Sie schnell heraus!"

Der Professor öffnete die Tür.

„Wie kannst du es wagen, mich bei der Arbeit zu unterbrechen? Was willst du?"

„Der Sturm hat das Schiff schwer beschädigt, wir müssen alle über Bord springen und um unser Leben schwimmen ..."

„Hmmm ... schwimmen? Ich weiß nicht, wie man schwimmt."

„Nein? Sie wissen nicht, wie man schwimmt? Oh Professor, dann haben Sie aber ein großes Problem ... Ihr ganzes Leben haben Sie verschwendet!"

Die drei schwiegen eine Weile.

„Eine schöne Geschichte", sagte der kleine Buddha schließlich.

„Ja", fuhr die junge Frau fort, „aber leider bestätigt sie auch meine Unsicherheit. Denn die Geschichte lehrt doch, dass man nicht zur See fahren sollte, wenn man nicht schwimmen kann. Das heißt, wenn man nichts über die Wissenschaften weiß, sollte man vielleicht auch besser nicht in die Stadt gehen." Sie schaute den Geschichtenerzähler fragend an. „Oder?"

„Ich verstehe, was du meinst, und du hast

durchaus recht. Jeder lernt genau das, was er für seine jeweilige Lebenssituation braucht. Spezielles Wissen, das zum Überleben notwendig ist. Und um in der Stadt zu überleben, braucht man natürlich anderes Wissen, als wenn man ein Leben auf hoher See führt. Das ist die Moral dieser Geschichte.

‚Wissen ist völlig relativ!‘"

Der Mann zündete seine ausgegangene Pfeife wieder an.

„Aber keine Bange, ihr könnt trotzdem in die Stadt gehen, ohne Angst haben zu müssen. Solange ihr bereit seid, neue Dinge zu lernen."

Es herrschte wieder einen Moment Ruhe an ihrem Tisch. Dann redete der Mann weiter.

„Der Professor war sehr arrogant und hatte die ganze Zeit so getan, als wüsste er bereits alles, was es auf der Welt Wissenswertes gab. Er interessierte sich überhaupt nicht für die Matrosen und den Kapitän, für ihre Geschichten und ihr Wissen über das Leben auf dem Meer. Im Gegenteil, er behandelte sie respektlos und erniedrigte sie. Hätte er auch mal zugehört, anstatt immer nur selbst zu erzählen, dann hätte er vielleicht erfahren, dass das Wichtigste im Leben eines Seefahrers ist zu wissen, wie man schwimmt. Und hätte er dann etwas Interesse gezeigt, dann hätte ein Matrose ihn vielleicht sogar im Schwimmen unterrichtet. Aber der Professor war nicht bereit zu lernen. Er wollte nur lehren."

Der kleine Buddha und die junge Frau verstanden die Worte des fremden Mannes. Natürlich würde die große Stadt eine Herausforderung für sie beide sein, aber es gab in der Tat keinen Grund, Angst zu haben. Vor allem nicht wegen fehlenden Wissens, denn Wissen konnte man sich aneignen.

„Es ist eigentlich ganz einfach", sagte der Mann, während er sich von seinem Stuhl erhob und ein weiteres Mal an seiner Pfeife zog.

„Alles, was ihr machen müsst, ist, der neuen Situation mit Offenheit gegenüberzutreten. Seid neugierig und respektiert die Menschen, die euch begegnen. Und habt vor allem Vertrauen, denn alles ergibt sich so, wie es sein soll."

Und dann verschwand der ältere Mann genauso plötzlich und überraschend, wie er gekommen war.

Nach einer erholsamen Nacht setzten die beiden ihre Reise am nächsten Morgen wieder fort. Der Weg, auf dem sie gingen, war inzwischen kein Weg mehr, sondern eine große Straße. Sie trafen immer mehr Menschen, die auch unterwegs in die Stadt waren. Langsam, aber sicher kamen sie ihrem Ziel immer näher.

Der kleine Buddha dachte an den vorherigen Abend. Er wollte wissen, ob sich die junge Frau immer noch Sorgen über das Stadtleben machte.

„Was denkst du über die Worte des Mannes? Fühlst du dich besser?"

„Ja, sehr sogar." Die junge Frau wirkte viel positiver.

„Ich weiß zwar noch immer nicht, wie ich das notwendige Geld verdienen kann, aber der Mann hat mir Mut gemacht. Anstatt mit Sorgen gehe ich nun mit Zuversicht in die Stadt."

Der kleine Buddha lächelte zufrieden. „Ich bin mir sicher, dass deine Arbeitssuche erfolgreich sein wird. Denn wenn du etwas Gutes erwartest, dann wirst du auch etwas Gutes finden."

Gegen Mittag erreichten sie die Stadt. Der kleine Buddha und die junge Frau beschlossen, von nun an wieder getrennte Wege zu gehen. Obwohl sie in kurzer Zeit sehr gute Freunde geworden waren, wollten beide die Stadt alleine erkunden.

„Ich hoffe, du wirst noch viele schöne Dinge erleben auf deiner Reise", sagte die junge Frau.

„Und ich hoffe, dass du in der Stadt glücklicher sein wirst als zuletzt in deinem Dorf. Ich danke dir für deine Gesellschaft. Dafür, dass du ein Stück deines Weges mit mir geteilt hast."

Eine Träne lief der jungen Frau über die Wange, während sie sich zum Abschied umarmten.

„Mach's gut und vielleicht bis irgendwann einmal", sagte sie.

„Ja, bis irgendwann einmal", erwiderte der kleine Buddha. „Und vergiss nicht:

Gehe mit offenen Ohren
durch die Welt, damit du hörst,
was das Leben dir sagen will."

Der erfolglose Verkäufer

Vom Geheimnis, mit Freude zu arbeiten

*A*lles war noch viel größer, lauter und schneller, als der kleine Buddha es sich vorgestellt hatte. Die Stadt brodelte wie ein aufwachender Vulkan. Überall waren Menschen, Pferdekutschen fuhren kreuz und quer, Kühe liefen umher, ein einziges Chaos spielte sich vor seinen Augen ab. Inmitten aller Hektik und dem riesigen Durcheinander gab es allerdings auch unglaublich viel zu entdecken. Vor allem für jemanden, der die meiste Zeit seines bisherigen Lebens meditierend unter einem einsamen Baum verbracht hatte.

Der kleine Buddha hatte zum Beispiel noch nie ein Geschäft gesehen, in dem man Blumen kaufen konnte. Er verstand auch nicht wirklich, warum man für Blumen Geld bezahlen sollte. Schließlich wuchsen sie doch auf jeder Wiese ganz umsonst. Was er hingegen mit völliger Faszination bewunderte, waren die unzähligen Stoffläden an jeder Ecke. In jeglicher Farbe und in jeder erdenkbaren Form gab es die unterschiedlichste Kleidung zu kaufen. Die Auswahl war für ihn einfach überwältigend.

Eine andere Sache, die ihm in der Stadt auffiel, war, dass alle ständig in Bewegung waren. Niemand war still, noch nicht einmal einen Moment lang. Entweder liefen die Menschen wild umher wie schwer beschäftigte Ameisen oder sie diskutierten mit jemandem. Sie aßen oder tranken etwas oder sie gingen irgendeiner anderen Beschäftigung nach. Selbst diejenigen, die nichts Besonderes zu machen schienen, wirkten, als würden sie irgendetwas suchen. Als würden sie in ihren Köpfen angestrengt arbeiten.

„Egal, was die Menschen in der Stadt tun, sie kommen nie zur Ruhe", stellte er mit Unglauben fest.

Nach einiger Zeit kam der kleine Buddha an einen großen Marktplatz, wo zahlreiche Händler frisches Obst und Gemüse verkauften. Während er mit stets aufmerksamem Blick umherspazierte, bemerkte er, dass fast alle Stände die gleichen Waren anboten. Er hatte Lust auf einen Apfel, wusste aber nicht, wie er sich für einen der vielen Stände entscheiden sollte. Anstatt also bewusst darüber nachzudenken, ging er einfach zu dem ersten Stand, den er sah. Er blieb vor einem großen Obstberg stehen.

Mit großen Augen starrte er auf die riesige Auswahl.

„Ich hätte gerne einen leckeren Apfel", sagte er.

„Lieber süß oder sauer?", fragte der Verkäufer.

„Hm. Ich glaube eher süß. Am liebsten aber süß und sauer gleichzeitig."

„Kein Problem", sagte der Verkäufer und reichte dem kleinen Buddha einen rotgrünen Apfel.

„Du bist neu in der Stadt, nicht wahr?"

„Ja, woher weißt du das?", wunderte sich der kleine Buddha.

„Nun", fing der Verkäufer an, „man sieht nicht oft jemanden so langsam über den Markt schlendern. So viel Zeit hat niemand hier in der Stadt."

„Ja, das ist mir auch schon aufgefallen. Wie schade." Der kleine Buddha nahm einen Bissen von dem Apfel und kaute ganz genüsslich.

„Ich glaube, das ist einer der leckersten Äpfel, die ich je gegessen habe."

Der Verkäufer lächelte bescheiden.

Für eine Weile standen sie beide schweigend da und beobachteten das bunte Treiben auf dem Markt. Dann fiel dem kleinen Buddha auf einmal ein, dass er noch nicht wusste, wo er schlafen sollte.

„Kannst du mir vielleicht sagen, wo ich für heute Nacht eine Bleibe finden kann?"

„Wenn du willst, kannst du bei mir schlafen", sagte der Verkäufer. „Ich habe genügend Platz bei mir zu Hause."

„Danke, das Angebot nehme ich gerne an", freute sich der kleine Buddha.

Er erinnerte sich an die Worte des alten Mannes in der Gaststätte:

„Einfach offen sein, Vertrauen haben, dann ergibt sich alles andere von alleine."

Der Mann hatte recht gehabt. Die Stadt hatte ihn mit offenen Armen empfangen.

Zuerst hatte der kleine Buddha nur eine Nacht bleiben wollen, aber schon bald wurde ihm klar, dass er mehr Zeit brauchte. Es gab für ihn in der Stadt so viel zu tun und zu sehen und so viele verschiedene und interessante Menschen zu treffen. Die Stadt bot ihm eine Art von Aufregung, die er noch nie zuvor erlebt hatte, und er wollte mehr davon. Da der Verkäufer nichts dagegen hatte, weiterhin sein Haus mit ihm zu teilen, entschied sich der kleine Buddha, länger zu bleiben.

Manchmal dachte er natürlich auch an sein Zuhause unter dem großen alten Bodhi-Baum, aber für eine Rückkehr war es noch viel zu früh. Seine Reise hatte ja gerade erst richtig angefangen.

Eines Abends, als der kleine Buddha gerade von einer seiner Stadterkundungen zurückkehrte, sah er den Verkäufer niedergeschlagen in einer Ecke des Hauses sitzen.

„Was ist los?", wollte er wissen.

„Ach", sagte der freundliche Verkäufer, „ich habe mit meinem Stand einfach keinen Erfolg. Ich weiß gar nicht, wie es weitergehen soll. Die Leute gehen immer zu allen anderen Ständen, nur zu mir kommt niemand."

„Das stimmt nicht", widersprach der kleine Buddha, „schließlich bin ich zu deinem Stand gekommen."

„Ja, aber das war einfach nur Glück. Und momentan besucht mich das Glück leider nicht sehr oft."

Der Verkäufer klang sehr verzweifelt. Und in der Tat, verglichen mit den anderen Marktständen hatte er nur sehr wenige Kunden. Aus irgendeinem Grund blieben sie einfach weg.

„Glaubst du an Glück?", fragte der kleine Buddha auf einmal.

Der Verkäufer starrte fragend zurück und wusste nicht, was er sagen sollte.

Nach einigen Momenten der Ruhe ergriff der kleine Buddha wieder das Wort.

„Weißt du, ich selber glaube nicht an Glück. Und an Pech auch nicht. Ich glaube, dass man findet, wonach man sucht."

Der Verkäufer starrte nun noch viel mehr.

„Ich habe ein bisschen das Gefühl, dass du eigentlich gar nicht wirklich auf dem Markt arbeiten willst."

Der Verkäufer sagte nichts, aber die Art und Weise, wie er schwieg, bestätigte die Vermutung seines Gastes. Der kleine Buddha hatte in den Tagen zuvor bereits gemerkt, dass irgendetwas mit dem Verkäufer nicht stimmte. Er war zwar immer sehr freundlich, aber glücklich wirkte er nicht.

„Ich glaube, du suchst etwas, das du an deinem Verkaufsstand nicht finden wirst. Deswegen hast du auch keinen Erfolg.

Denn wenn du im Leben etwas machst,
das du gar nicht wirklich willst,
dann ist es sehr schwer, Erfolg zu haben."

„Das ist aber alles nicht so einfach, wie du es dir vorstellst", sagte nun der Verkäufer. „Ich muss Geld verdienen, also stehe ich auf dem Markt und verkaufe Obst und Gemüse. Was ich wirklich will, ist nicht so wichtig, schließlich muss ich von irgendetwas leben."

„Ja, das verstehe ich natürlich. Aber vergiss das Geld für einen kurzen Moment."

„Wie kann ich das Geld vergessen, wenn ich es zum Leben brauche?"

„Versuche es. Nur für einen Moment lang." Der kleine Buddha gab nicht auf.

„Mit Sicherheit hast du doch irgendwelche unerfüllten Träume."

„Ich weiß nicht." Der Verkäufer hatte schon lange nicht mehr darüber nachgedacht, was er gerne tat und was ihn glücklich machte. Alle seine Gedanken hatten sich nur um seinen Marktstand gedreht. Für Träume war keine Zeit gewesen.

„Ich schreibe leidenschaftlich gerne", sagte er schließlich. „Und ich liebe die Musik. Ich habe früher oft daran gedacht, ein Buch zu schreiben, das mit Musik zu tun hat."

„Und willst du das immer noch machen?"

„Ja, irgendwann."

„Und warum nicht jetzt?"

„Weil ich …", wollte der Verkäufer gerade antworten, doch er fand keine Worte.

„Wenn du ein Buch über Musik schreiben würdest", fuhr der kleine Buddha fort, „wenn du also etwas

machen würdest, das du gerne tust, dann würdest du viel glücklicher durchs Leben gehen. Und folglich würden auch viel mehr Leute auf dem Markt zu dir kommen, um einzukaufen."

„Aber ich würde doch immer noch den gleichen Job machen, den ich nicht mag. Warum sollte sich also etwas ändern?"

„Weil die Leute sich von glücklichen Menschen angezogen fühlen. Sie gehen fast immer dorthin, wo sie eine Chance haben, Glück anzutreffen."

Der Verkäufer musste dem kleinen Buddha zustimmen. Wer wollte schon gerne in trauriger Gesellschaft sein?

Niemand.

Vor allem nicht beim Einkaufen auf dem Markt.

Eine Sache verstand der Verkäufer allerdings nicht.

„Und was ist mit dir? Ich war doch gar nicht glücklich und trotzdem bist du an meinen Stand gekommen?"

„Ja, das stimmt", sagte der kleine Buddha. „Aber ich glaube, wir haben uns aus einem anderen Grund gegenseitig angezogen. Sieh es doch mal so: Ich habe ein Bett zum Schlafen gesucht und du hast jemanden gesucht, der dich an deine Träume erinnert, damit du ein glücklicheres Leben führen kannst. Letzten Endes haben wir doch beide das gefunden, was wir gesucht haben."

Sie lächelten für einen Moment. Doch die Zweifel holten den Verkäufer schnell wieder ein.

„Aber wann soll ich das Buch denn schreiben? Ich habe doch nie Zeit. Und wie schon gesagt, ich muss ja auch Geld verdienen", jammerte er.

„Ich habe ja nicht gesagt, dass du deine Arbeit auf dem Markt aufgeben sollst. Was ist denn mit der Zeit nach der Arbeit?"

Der kleine Buddha hielt einen Moment inne, um vorsichtig zu formulieren, was er sagen wollte.

„Wenn du abends nach der Arbeit nach Hause kommst, wirkst du immer sehr beschäftigt. Aber wenn du ehrlich bist, dann musst du doch zugeben, dass du eigentlich nichts machst. Zumindest nichts Wichtiges. Ich verstehe, dass du dich nach einem harten Arbeitstag ausruhen musst, aber warum nutzt du nicht wenigstens ein bisschen dieser Zeit zum Schreiben? Natürlich erfordert das etwas Anstrengung zu Beginn, genauso wie es bei mir war, als ich angefangen habe zu meditieren. Aber es dauert nicht lange, bis du in einen Rhythmus kommst, und dann wird das Schreiben zu einem natürlichen Teil deines Lebens. Auf diese Weise hättest du tagsüber immer etwas, worauf du dich freuen kannst."

Der kleine Buddha konnte beobachten, wie der Verkäufer angestrengt nach einer Ausrede suchte. Doch er fand keine.

„Du hast recht", gab dieser schließlich zu.

Und so begann der Verkäufer noch am selben Abend zu schreiben. Eine Geschichte über eine Gruppe Straßenmusiker, die von Stadt zu Stadt zogen.

Seine neue Aufgabe machte dem Verkäufer viel Spaß. Tagsüber arbeitete er wie gewohnt auf seinem Marktstand und verkaufte Obst und Gemüse. Wenn er gerade nichts zu tun hatte, dachte er darüber nach, wie seine Musikgeschichte weitergehen sollte. Einmal am Tag machte er eine halbe Stunde Pause, genau wie er es sonst auch schon immer gemacht hatte. Doch anstatt wie bisher eine Zeitung zu lesen, ging er von nun an zum westlichen Rand des Marktplatzes und beobachtete die verschiedenen Straßenmusiker, die dort täglich für die Passanten Musik machten. Für den Verkäufer war das die perfekte Inspiration, um neue Ideen für sein Buch zu bekommen. Abends setzte er sich dann zu Hause vor einen Stapel Papier und schrieb drauflos.

Obwohl er weder die Preise noch irgendetwas anderes geändert hatte, merkte er schon bald, dass mehr Menschen an seinen Stand kamen. Die Worte seines neuen Freundes wurden bestätigt: Die meisten Leute gingen in der Tat lieber dorthin, wo sie glückliche Menschen antrafen.

Ein paar Tage später kam er nach Hause und erzählte dem kleinen Buddha, dass eine Frau an seinen Stand gekommen war und gefragt hatte, wieso er so fröhlich sei.

„Und was hast du ihr gesagt?", wollte der kleine Buddha wissen.

„Dass ich glücklich bin,
weil ich jeden Tag etwas mache,
das mir Freude bereitet."

Der Verkäufer war so begeistert von seiner neuen Aufgabe, dass er überhaupt keinen Grund mehr hatte, schlecht gelaunt zu sein.

„Ich habe überlegt, dass ich mein Buch ja verkaufen kann, wenn es fertig ist. Dann brauche ich nicht mehr auf dem Markt zu arbeiten und kann noch viel mehr schreiben."

Der Verkäufer träumte schon von einer erfolgreichen Zukunft als Schriftsteller.

„Ja, vielleicht kannst du dein Buch in der Tat verkaufen", sagte der kleine Buddha. „Und mit Sicherheit kannst du noch viel mehr schreiben. Aber den Marktstand ganz aufgeben, das würde ich mir noch einmal überlegen."

„Warum denn?", wunderte sich der Verkäufer.

Der kleine Buddha schaute seinem Freund tief in die Augen. „Na, wer weiß, wen du dort noch alles treffen wirst ..."

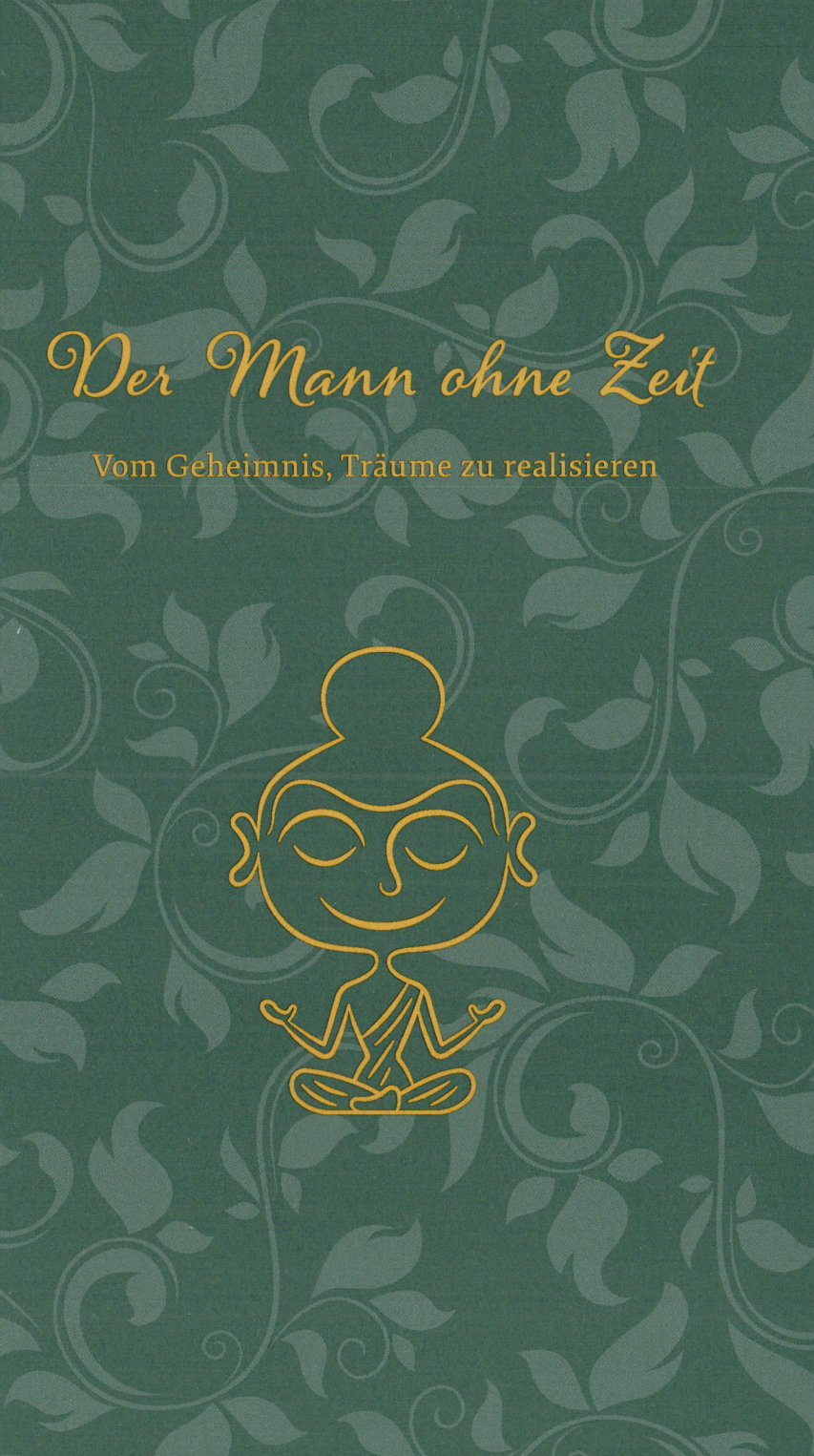

Der kleine Buddha war völlig fasziniert von der Stadt. Nicht, dass er dort hätte leben wollen, aber es gab einfach unglaublich viel zu sehen und zu entdecken. Vor allem die Menschen hatten es ihm angetan. So viele verschiedene Menschen. Große, kleine, dicke, dünne, hübsche, hässliche, reiche, arme, liebe, nette, böse, traurige, glückliche, kluge, verrückte und noch viele, viele mehr. Seltsamerweise gab es sogar einsame Menschen inmitten der Masse.

Einer dieser einsamen Menschen war ein Mann namens Singh. Herr Singh war nicht nur einsam, sondern er war auch extrem hektisch. Oder besser gesagt, er war einsam, weil er hektisch war.

Herr Singh konnte keine Minute still in einer Position verharren. Wenn er saß, rutschte er ständig auf seinem Stuhl hin und her. Wenn er stand, dann wippte er stets mit den Füßen vor und zurück. Und wenn er sich nicht gerade auf irgendeine Art und Weise bewegte, dann redete er. Ununterbrochen und sehr schnell.

Der kleine Buddha traf Herrn Singh zum ersten Mal eines Morgens in einem Chai-Haus. Während der Zeit, als er beim Verkäufer wohnte, hatte es sich der kleine Buddha zur Gewohnheit gemacht, nach dem Aufstehen und dem Verlassen des Hauses immer einen Chai, also einen Tee, zu trinken. Nachdem er ein paar verschiedene dieser Chai-Häuser ausprobiert hatte, fand er schließlich eines, das er am meisten mochte und zu dem er fortan immer zurückkehrte. In eben diesem Chai-Haus saß der kleine Buddha eines Morgens, als Herr Singh hektisch hereinkam und einen Tee bestellte.

Herr Singh nahm seinen Chai und setzte sich auf einen der vielen flachen Hocker. Er stellte sein Glas auf einem kleinen Tisch ab und begann, ein Buch zu lesen. Er las so schnell, dass man den Eindruck bekam, als müsste er das Buch in einer Stunde ausgelesen haben. Dabei wackelte er natürlich permanent auf seinem Hocker hin und her.

Der kleine Buddha beobachtete den hektischen Mann eine Weile. Da er immer daran interessiert war, mit anderen Menschen zu sprechen, fragte er ihn irgendwann, warum er denn so schnell lesen würde.

Herr Singh blickte auf, ohne mit dem Hin- und Herwippen aufzuhören, und schaute dann auf den Hocker links neben sich, wo er den kleinen Buddha sitzen sah.

„Weil ich keine Zeit habe", antwortete er kurz und knapp.

„Wieso hast du denn keine Zeit?", wollte der stets neugierige kleine Buddha wissen, doch er bekam schon keine Antwort mehr. Herr Singh hatte sich auf einmal erhoben, zahlte seinen Chai, verabschiedete sich von dem Chai-Haus-Inhaber und von dem kleinen Buddha mit einem kurzen Kopfnicken und den Worten „Ich muss weiter" und dann verschwand er schnell im morgendlichen Gedränge auf der Straße.

„Ein komischer Mann", dachte sich der kleine Buddha.

Zwei Tage später wiederholte sich die Situation: Der kleine Buddha saß vor seinem Chai, Herr Singh kam hektisch herein, trank schnell seinen Tee, sagte, er hätte keine Zeit, und verließ nach wenigen Minuten wieder stürmisch das eigentlich gemütliche Chai-Haus.

„Der Kerl ist echt merkwürdig."

Am nächsten Tag bahnte sich schon wieder das gleiche Szenario an. Herr Singh kam herein, bestellte seinen Chai und nahm wippend auf einem der Hocker Platz. Er holte sein Buch heraus und begann, wie die beiden Male zuvor auch, rasend schnell zu lesen. Nach einigen Minuten versuchte der kleine Buddha wieder, sich mit ihm zu unterhalten. Auch dieses Mal war das Ergebnis anfangs gleich.

„Ich habe keine Zeit."

„Nie?", hakte der kleine Buddha nach.

„Nein, nie."

„Aber warum denn nicht?" Er ließ nicht locker.

„Na gut", sagte Herr Singh schließlich. „Ich werde es dir kurz erklären."

„Danke." Der kleine Buddha war erleichtert. Drei Versuche hatte er gebraucht, um so weit zu kommen.

„Ich bin ein Reisender", sagte Herr Singh.

„Ich auch", freute sich der kleine Buddha gleich, denn während seines Aufenthalts in der Stadt hatte er schon drei andere Reisende getroffen und mit ihnen zu sprechen hatte immer besonders viel Spaß gemacht. Er hatte von anderen aufregenden Städten gehört, etwas über die Berge und das Meer erfahren, er hatte spannende und lustige und auch seltsame Geschichten erzählt bekommen. Außerdem hatte er von den besten Orten erfahren, die es gab, um traumhafte Sonnenuntergänge zu bestaunen. Der kleine Buddha hatte also viele Gründe, sich zu freuen.

Herr Singh hingegen freute sich überhaupt nicht.

„Wie, und da fragst du mich, warum ich keine Zeit habe? Aber das musst du doch wissen, wenn du auch ein Reisender bist." Herr Singh verstand die Welt nicht mehr.

„Was muss ich wissen?", fragte der kleine Buddha ahnungslos.

„Na, dass jede Reise unheimlich viel Arbeit bedeutet. Arbeit, die viel Zeit in Anspruch nimmt. Alles muss schließlich genau organisiert und vorbereitet werden."

Der kleine Buddha hatte weiterhin keinen Schimmer, was der hektische Mann meinte.

Herr Singh schüttelte den Kopf. Für ihn war es völlig unverständlich, dass der kleine Buddha nicht wusste, wovon er sprach.

„Zuerst einmal muss die Route exakt geplant werden, das ist der aufwendigste Teil. Ich zum Beispiel lese alle Bücher, die es in der Bibliothek über mein Reiseziel gibt. Dann müssen Unterkünfte gesucht werden oder zumindest mögliche Unterkünfte. Außerdem muss man sich natürlich auch über alle Sehenswürdigkeiten genau informieren."

Herr Singh kippte seinen Chai hastig in sich hinein, bestellte einen weiteren und schüttelte dann wieder verständnislos den Kopf. „Ich verstehe es einfach nicht, du solltest doch wissen, wie lange all das dauert. Wenn ich nur an das Packen der Taschen denke ... Bist du sicher, dass du ein Reisender bist?"

Der kleine Buddha wirkte für einen Moment etwas verunsichert.

„Ich glaube schon", sagte er zögerlich.

„Du glaubst schon? Heißt das ja oder nein?"

„Also wenn ein Reisender jemand ist, der auf Reisen geht", sagte der kleine Buddha nun wieder etwas bestimmter, „dann bin ich ein Reisender, ja."

Nun war Herr Singh verunsichert. Er dachte nach.

„Und du hast kein Zeitproblem?", wollte er wissen.

„Wieso sollte ich denn ein Zeitproblem haben?", fragte der kleine Buddha erstaunt zurück. „Es gibt doch genügend Zeit. Die Frage ist, was man damit macht."

„Ja, aber ob es dir gefällt oder nicht, bestimmte Dinge müssen einfach erledigt werden. Und weil ich so viel machen muss, kommt es mir vor, als hätte jeder Tag zu wenige Stunden."

Plötzlich unterbrach Herr Singh das Stuhlwackeln.

„Man müsste irgendwo Stunden kaufen können."

Der kleine Buddha schaute ihn ungläubig an.

„Meinst du, das würde dein Zeitproblem lösen?"

„Ich weiß nicht. Kommt darauf an, wie viele Stunden ich kaufen könnte."

Sie mussten beide lachen. Zum Glück gab es dafür trotz aller Hektik noch genügend Zeit.

„Wieso planst du denn eigentlich so viel?", fragte der kleine Buddha nach einer kurzen Pause.

„Weil ich ein Reisender bin."

Er begann wieder, nervös auf seinem Hocker hin und her zu rutschen.

„Und wie ich dir bereits gesagt habe, müssen nun mal bestimmte Vorbereitungen getroffen und Pläne gemacht werden. Das gehört sich so."

„Wer sagt das?"

„Keine Ahnung. Das ist einfach so."

Der kleine Buddha fing an, sich ernsthafte Sorgen um Herrn Singh zu machen.

„Aber wieso? Das ergibt einfach keinen Sinn. Schau mich an: Ich bin ein Reisender und habe fast gar keine Vorbereitungen getroffen."

„Du bist dann halt eine Ausnahme", war das Einzige, was Herrn Singh auf die Schnelle einfiel. Und bevor der kleine Buddha eine Chance bekam, die Diskussion zu vertiefen, beendete Herr Singh das Gespräch einfach.

„So, ich muss jetzt aber wirklich weiter", schob er schnell und abrupt ein.

Er trank seinen zweiten Chai mit einem großen Schluck aus, erhob sich von seinem Hocker und verabschiedete sich.

Der kleine Buddha bedankte sich bei Herrn Singh, dass er sich Zeit genommen hatte, und hoffte, dass sie sich bald wiedersehen würden.

„Vielleicht kannst du mir ja das nächste Mal etwas von deinen Reisen erzählen. Wo du schon überall gewesen bist und was du schon alles erlebt hast."

Herr Singh, der gerade dabei war, wie ein Wirbelwind zur Tür hinauszufliegen, blieb mit einem Mal stehen und drehte sich um.

„Wo ich schon überall war?"

Er starrte den kleinen Buddha fassungslos an.

„Was denkst du denn? Ich war noch nirgendwo. Keine Zeit!"

Nach dem seltsamen Erlebnis mit Herrn Singh beschloss der kleine Buddha, seine Reise fortzusetzen und die Stadt zu verlassen. Er hatte den Trubel und das Chaos genossen, aber er fand das Leben in der Stadt zu schnell. Jemand, der es gewohnt war, einsam in friedlicher Umgebung unter einem Baum zu sitzen, sehnte sich nach einer Weile nach etwas Langsamkeit. Es gab zwar viele nette Menschen in der Stadt, aber viele von ihnen schienen das Leben leider mit einem Wettrennen zu verwechseln. „Überall diese Hektik", dachte sich der kleine Buddha.

„Ich frage mich, warum die Menschen nicht auch mal stehen bleiben können. Warum muss alles immer so schnell gehen?"

Als würde der liebe Gott am Ende des Lebens mit einer laufenden Sanduhr warten.

Am darauffolgenden Morgen verabschiedete sich der kleine Buddha von dem Obstverkäufer. Sie waren traurig, dass sich ihre Wege nun wieder trennen würden, aber gleichzeitig waren auch beide glücklich, dass sie sich überhaupt kennengelernt hatten. Die beiden Freunde umarmten sich und wünschten sich alles Gute.

Für seine weitere Reise hatte der kleine Buddha noch kein genaues Ziel vor Augen. Er wusste nur, dass er irgendwohin wollte, wo es etwas ruhiger war. Und er wollte weiterhin andere Menschen treffen. Für ihn war es nicht so wichtig, an einen bestimmten Ort zu gelangen. Er wollte erfahren, wie es war zu reisen. Etwas erleben. Also ging er einfach los.

Vorbei an den Geschäften und Chai-Häusern, vorbei an den vielen verschiedenen Plätzen und Tempeln. Raus aus der hektischen Stadt, einfach immer geradeaus.

Auf zu einem neuen Kapitel seiner Reise.

Die blinde Hexe

Vom Geheimnis, richtig zu sehen

*N*achdem er einige Zeit an weiten Feldern vorbei-
gelaufen war, erreichte der kleine Buddha einen
großen Wald. Tausende von riesigen Bäumen standen dicht nebeneinander und verschluckten fast das
ganze Tageslicht, alles war in Dunkelheit gehüllt. Er
blieb einen Moment stehen und schaute sich um. Der
Weg führte direkt in den Wald, direkt ins Nichts. Es
war eine gruselige Atmosphäre. Trotzdem beschloss
er weiterzugehen. Kurz bevor er am Waldesrand angekommen war, hatte er eine Frau beobachtet, wie sie,
ohne zu zögern, in die Dunkelheit hineingegangen
war. Es musste also alles in Ordnung sein. Außerdem
war der kleine Buddha mal wieder neugierig. Er be-
trat also den dunklen Wald und folgte dem Weg. Bald
musste er jedoch wieder stehen bleiben, weil er fast
nichts mehr sehen konnte. Seine Augen brauchten
eine Weile, um sich an die neuen Lichtverhältnisse zu
gewöhnen. Als er sich wieder besser orientieren konnte, ging er weiter.

Nachdem er ein ganzes Stück im Wald zurück-
gelegt hatte, sah er auf einmal einen Lichtkegel vor

sich, inmitten der Dunkelheit. Er fühlte sich von der Helligkeit fast hypnotisch angezogen und ging weiter darauf zu. Als er näher kam, erkannte er, dass es eine kleine Lichtung war. Auf einer Fläche von der Größe eines kleinen Hauses gab es keine Bäume und somit erreichte das Tageslicht dort ausnahmsweise den Waldboden. Die Lichtung war ein paar Meter von dem Weg entfernt. Während der kleine Buddha überlegte, ob er stehen bleiben sollte, um sich die Lichtung anzuschauen, hörte er plötzlich einige Stimmen aus eben dieser Richtung. Er ging näher heran und erkannte die Frau, die er noch vor Kurzem am Waldesrand gesehen hatte, zusammen mit zwei anderen Frauen und einem Mann. Sie alle saßen auf einer großen überirdischen Wurzel eines sehr alten Baumes und schienen auf etwas zu warten.

Als sie den kleinen Buddha bemerkten, begrüßten sie ihn freundlich und boten ihm einen Platz an.

„Setz dich ruhig, für dich wird es noch eine ganze Weile dauern", sagte eine der Frauen.

Der kleine Buddha sah sich fragend um.

„Was wird für mich noch eine ganze Weile dauern?"

„Na, um mit der Hexe zu sprechen. Oder bist du nicht deswegen hier?"

Nun schauten die drei Frauen und der Mann fragend zurück.

„Eine Hexe? Nein, eigentlich bin ich nicht deswegen hier." Er hielt inne. „Wo soll denn hier eine Hexe sein?"

Eine der Frauen drehte sich um und zeigte schweigend mit dem Finger mitten in den dunklen Wald hinein. Der kleine Buddha folgte mit seinen Augen der Richtung des Fingers, konnte aber außer Bäumen nichts erkennen. Er ging näher heran, sah aber immer noch keine Hexe oder sonst irgendetwas Auffälliges.

„Wo denn?", fragte er erneut.

„Auf dem Boden", sagte nun der Mann. „Du musst genau hinsehen."

Der kleine Buddha ging noch ein Stück weiter und tatsächlich, auf einmal entdeckte er ein Loch im Waldboden. Er ging langsam darauf zu und sah eine Treppe, die tief hinab in die Erde führte. Neben der ersten Stufe lag ein großer Stein, auf dem etwas geschrieben stand. Er beugte sich vor und las:

> *„Im Leben siehst du immer nur das,*
> *was du sehen willst."*

Der kleine Buddha war nun erst recht neugierig geworden. Wer wohl diese Hexe war? Er drehte sich nachdenklich um und kehrte zu den anderen auf die Wurzel des alten Baumes zurück.

„Wohnt die Hexe dort unten?"

„Ja", antwortete eine der Frauen, „sie lebt unten in der Höhle. Schon seit über zwanzig Jahren."

„Warum lebt sie denn in einer Höhle?", wollte der kleine Buddha wissen. „Der Wald ist doch schon dunkel genug."

„Das macht ihr nichts", sagte die Frau. „Die Hexe ist blind."

Für einen Moment schwiegen alle, nur noch die Geräusche des Waldes waren zu hören. Das Rascheln der Blätter und das vereinzelte Knirschen von alten Ästen. Das ständige, leichte Surren der Waldinsekten und der sanfte Gesang der Vögel. Es war ruhig, aber nicht völlig still.

Der Mann ergriff das Wort.

„Du fragst dich sicherlich, warum wir hier sind und auf die Hexe warten, oder?"

Der kleine Buddha nickte.

„Die blinde Hexe ist eine sehr weise Frau und hilft den Menschen in Lebenskrisen. Bis in die große Stadt hinein ist sie bekannt. Jeden Tag kommen viele Leute mit verschiedenen Problemen und lassen sich von der Hexe helfen. So wie wir auch. Wenn du willst, kannst du sie ja auch besuchen. Sie ist eine interessante Person. Das Warten lohnt sich."

Natürlich wartete der kleine Buddha.

Die letzten Sonnenstrahlen hatten gerade die Lichtung erreicht, als der kleine Buddha endlich an der Reihe war. Der Mann war als Letzter aus der Höhle herausgekommen und hatte ihm gesagt, dass die Hexe unten auf ihn warten würde. Der kleine Buddha begab sich also die Stufen hinab ins dunkle Erdreich.

„Willkommen!"

Er hatte das Ende der Treppe erreicht.

Vor ihm tat sich ein großer Raum auf. Zumindest hörte es sich danach an, denn sehen konnte der kleine Buddha nichts. Es war stockduster, er sah noch nicht einmal die eigene Hand vor Augen.

„Setz dich, auf dem Boden liegt ein Teppich", sagte die Hexe mit freundlicher Stimme.

„Danke." Er setzte sich.

Dem Klang ihrer Stimme nach zu urteilen war die blinde Hexe ungefähr fünfzig Jahre alt und zwei oder drei Meter von dem kleinen Buddha entfernt.

„Wie kann ich dir helfen?", fragte sie.

„Ich brauche eigentlich gar keine Hilfe", antwortete der kleine Buddha. „Ich reise durchs Land und bin heute, halb durch Zufall und halb aus Neugierde, zu dem Eingang deiner Höhle gelangt."

Er musste sich erst noch an die seltsame Situation gewöhnen. Schließlich unterhielt er sich nicht jeden Tag mit einer Hexe in einer Höhle in völliger Dunkelheit.

„Die Menschen sagen, du bist sehr weise."

„Ja, das tun sie."

„Und, bist du es?"

„Ich weiß nicht. Vielen Menschen kann ich helfen, weil ich eine andere, zusätzliche Lebenserfahrung habe. Deswegen wirke ich wahrscheinlich weise auf sie."

Sie verstummte einen Moment.

„Wie du vielleicht schon gehört hast, bin ich blind."

Der kleine Buddha nickte, erinnerte sich jedoch sogleich, dass es stockduster war und die Hexe zudem auch noch blind war. Also hörte er wieder auf zu nicken.

„Wie fühlst du dich gerade?", wollte die Hexe von ihm wissen. „So ganz ohne etwas sehen zu können?"

„Ich komme mir ein bisschen vor wie im Traum. Ich fühle mich viel wachsamer als bei der Dunkelheit, die ich mit geschlossenen Augen verspüre."

„Ja, das hast du gut erkannt", freute sich die blinde Hexe, denn sie fühlte sich verstanden. „So, als wenn man einen Traum mit vollem Bewusstsein erfährt. Mit dem Unterschied, dass zwar die Bilder im Geiste entstehen, aber nicht die Stimmen."

Der kleine Buddha versuchte, sich vorzustellen, dass er genau wie die Hexe immer von Dunkelheit umgeben wäre.

„Bist du nicht manchmal traurig, dass du nichts sehen kannst?", fragte er sie vorsichtig.

„Nein, eigentlich nicht. Ich kann zwar nichts sehen, aber dafür kann ich umso besser hören. Ich kann sogar die Herzen sprechen hören. Wie sie von ihren Sehnsüchten und Träumen erzählen und von ihren Schmerzen und Problemen.

Ich glaube, die meisten Menschen kommen zu mir, weil sie wollen, dass ich all das ans Licht bringe, was tief in ihren Herzen verborgen ist. Sie kommen zu mir in die Dunkelheit, weil es hier unmöglich ist, die Augen vor der Wahrheit zu verschließen."

„Was machst du denn genau, wenn jemand mit einem bestimmten Problem zu dir kommt? Zauberst du es einfach weg?"

„Nein, das kann ich nicht", antwortete die Hexe, halb lachend. „Das wäre auch nicht gut, schließlich erlebt man schwierige Zeiten nicht ohne Grund."

Sie schwieg. Es schien, als sollte der kleine Buddha einen Moment über ihre Worte nachdenken. Dann kam sie zu seiner Frage zurück.

„Als Erstes mache ich den Menschen klar, dass sie ihre Probleme akzeptieren müssen. Das ist das Wichtigste, denn nur, wenn ein Problem akzeptiert wird, kann es auch losgelassen werden. Ich versuche, die Menschen zu ermutigen, ihre Probleme weder zu ignorieren noch zu bekämpfen.

Wenn du ein Problem ignorierst, wird es größer, weil es anfängt, nach Aufmerksamkeit zu schreien. Und wenn du es bekämpfst, dann wird es zurückkämpfen.

Wenn du es also jemals loswerden möchtest, musst du das Problem akzeptieren. Anfangs erscheint das sehr schwierig, aber es ist die einzige Möglichkeit, um es wirklich zu befreien. Und erst wenn das Problem frei ist, entsteht Raum für eine neue Erfahrung.

Meine Mutter, die auch eine Hexe war, freute sich zum Beispiel immer, wenn jemand kam und ihr von einer Lebenskrise berichtete. Sie sah es als eine gute Nachricht an. ,Auf etwas Schlechtes folgt stets etwas Gutes‘, hatte sie immer gesagt.“

Der kleine Buddha hörte aufmerksam zu.

„Weißt du“, fuhr die Hexe fort, „jede Situation hat immer zwei Seiten, eine gute und eine schlechte. Stell dir eine Münze vor. Auf der einen Seite steht ein Problem und auf der anderen Seite eine Möglichkeit.

Wie du eine Situation wahrnimmst, hängt davon ab, welche Seite du betrachtest. Die Münze bleibt immer die gleiche.“

Er musste an den Schriftzug auf dem Stein am Eingang der Höhle denken. „Im Leben siehst du immer nur das, was du sehen willst.“

„Ich werde dir eine kleine Geschichte erzählen“, sagte die blinde Hexe. „Eine Geschichte, die von den zwei Seiten des Lebens handelt. Darüber, wie du selbst entscheiden kannst, welche Seite du erleben willst."

Der kleine Buddha strahlte inmitten der Dunkelheit. Er liebte Geschichten.

Es war einmal ein alter Mann, der lehrte seine Enkel über das Leben. Er sprach zu ihnen:

„In meinem Inneren gibt es einen Kampf, einen schrecklichen Kampf zwischen zwei Wölfen. Der eine Wolf vereint das Schlechte – er ist Angst, Neid, Wut, Trauer, Habgier, Arroganz, Lügen, Schuld, Minderwertigkeit und das Ego. Der andere Wolf vereint das Gute – er ist Freude, Frieden, Liebe, Hoffnung, Teilen, Freundschaft, Mitgefühl, Großzügigkeit, Wahrheit und der Glaube."

Er fuhr fort:

„Den gleichen Kampf gibt es auch in eurem Inneren und ebenso in jeder anderen Person auf der Welt."

Die Enkel dachten kurz nach. Einer von ihnen hatte eine Frage an den Großvater.

„Welcher Wolf wird gewinnen?"

Der alte Mann antwortete ruhig:

„Derjenige, den du fütterst."

Wie viel Wahrheit in dieser Geschichte doch steckte. Der kleine Buddha lächelte. Es war ein besonderer Moment, den er da gerade erlebte. „Derjenige, den du fütterst." Die Worte klangen noch wie ein Echo nach. Das Leben konnte so einfach sein. Er lächelte noch mehr und obwohl die blinde Hexe sein Lächeln in der dunklen Höhle nicht sehen konnte, so konnte sie es doch fühlen. Und vielleicht konnte sie sein Lächeln sogar hören.

Die Hexe und der kleine Buddha unterhielten sich noch eine lange Zeit. Er erzählte ihr von den Erlebnissen seiner Reise und sie berichtete ihm von ihrem Leben in der Höhle. Sie sprach auch darüber, wie sie vor vielen Jahren durch eine Krankheit erblindet war.

Zuerst war sie schockiert und verzweifelt gewesen, aber nach einiger Zeit hatte sie gelernt, ihr Schicksal zu akzeptieren. Sie hatte keine andere Wahl gehabt. Aber anstatt einfach nur einen Weg zu finden, um ohne Augenlicht zu überleben, suchte sie das Positive. Zu überleben war ihr nicht genug, sie wollte das Leben genießen können. Nach und nach fand sie so Zugang zu einer wundervollen Welt. Einer Welt, die die meisten Menschen nie wirklich erlebten. Sie war gezwungen worden zu lernen, mit dem inneren Auge zu sehen.

Und diese Erfahrung nutzte sie jetzt, um den Menschen, die sie mit scheinbar unlösbaren Problemen aufsuchten, zu helfen. Sie half ihnen, das zu sehen, was für das normale Auge verborgen blieb. Die Sorgen, Ängste und Wünsche, die tief in der Seele schlummerten. Sie half, sichtbar zu machen, wofür die Menschen blind waren.

„Das ist auch der Grund, warum ich in einer dunklen Höhle wohne, denn hier sind die Menschen gezwungen, das Leben mit dem inneren Auge zu betrachten."

„Kannst du denn allen helfen?", wollte der kleine Buddha wissen.

„Nein, nicht allen. Manche Menschen erwarten Wunder von mir, dass ich sie berühre und alles wieder gut mache. Aber so funktioniert das Leben nicht.

Jeder ist selbst
für sein Glück verantwortlich.

Ich kann jemandem vielleicht sagen, wie man ein Problem in eine Möglichkeit umwandelt. Ich kann jemandem zeigen, wo die Tür zum Glück ist. Hingehen und aufmachen muss man sie aber selbst. Weißt du, man muss auch wollen. Und so komisch es klingt, einige Menschen scheinen nicht wirklich glücklich sein zu wollen."

Sie verbrachten den ganzen Abend zusammen in der dunklen Höhle und erzählten sich Geschichten aus dem Leben. Irgendwann wurden sie beide müde und somit bot die Hexe dem kleinen Buddha an, in ihrer Höhle zu übernachten. Der Reisende nahm ihre Einladung dankend an.

„Weißt du", sagte die Hexe, bevor sie sich beide zum Schlafen hinlegten, „die meisten Menschen sehen in mir eine weise Person, weil ich eine alte, blinde Frau bin, die glücklich in einer Höhle lebt und Dinge sagt, die Sinn ergeben. Aber sie verstehen nicht, dass ein paar weise Worte alleine niemanden weise machen. Letzten Endes ist es schrecklich einfach, Ratschläge zu geben. Die wirkliche Herausforderung besteht darin, einen Ratschlag zu befolgen. Wer das schafft, der ist wirklich weise."

Als der kleine Buddha am nächsten Morgen aufwachte, hatte er enorme Schwierigkeiten, nicht wieder direkt einzuschlafen. Es war immer noch stockduster in der Höhle, zwischen Tag und Nacht gab es keinerlei Unterschied.

„Ich würde gerne noch länger bei dir bleiben", sagte er zu der blinden Hexe, „es ist so schön ruhig hier."

Nach seinem langen Aufenthalt in der hektischen Stadt genoss er die Stille der Höhle und des Waldes noch viel mehr.

„Aber wenn ich ehrlich bin", fügte er dann hinzu, „ist es mir hier einfach zu dunkel. Etwas Licht brauche ich schon."

„Das verstehe ich", sagte die Hexe, „wenn ich noch sehen könnte, würde ich auch nicht die ganze Zeit im Dunkeln sein wollen."

Sie dachte einen Moment nach.

„Vielleicht kannst du ja einen Freund von mir besuchen. Er lebt nicht weit von hier. Wenn Ruhe das ist, was du suchst, dann wirst du dich bei ihm wohlfühlen."

„Das wäre großartig! Wie finde ich deinen Freund?"

„Gehe zu dem alten Schloss, das einen halben Tagesmarsch südlich von hier hinter dem Wald liegt. Wenn du dort angekommen bist, frage einfach nach dem Schlossgärtner. Bestelle ihm schöne Grüße von mir."

Der kleine Buddha bedankte sich und stand auf, um sich auf den Weg zu machen.

„Es war schön, dass du mich besucht hast", sagte die blinde Hexe.

„Ja, das fand ich auch."

Er wandte sich ab und verließ diesen dunklen, aber sehr besonderen Ort.

Wieder oben an der Lichtung angekommen, sah der kleine Buddha, dass schon einige Leute warteten, um sich von der Hexe helfen zu lassen. Während er freundlich grüßend an ihnen vorbeiging, sprach ihn einer der Wartenden an.

„Und, bist du geheilt?"

„Ja", antwortete der kleine Buddha. „Aber ich war eigentlich gar nicht krank."

Er kam ins Grübeln. Einige von den Menschen, die Hilfe bei der Hexe suchten, erhofften sich wohl tatsächlich, dass allein die Worte der blinden Frau sie von all ihren Problemen erlösen würden.

Abrakadabra, schnell eine heile Welt herbeigezaubert.

Doch der kleine Buddha wusste, dass dem nicht so war. Er hatte verstanden, was die blinde Hexe gemeint hatte:

*Ein guter Rat hilft dir erst,
wenn du ihn selbst in die Tat umgesetzt hast.*

Der geduldige Gärtner

Vom Geheimnis, warten zu können

*A*m späten Nachmittag kam der kleine Buddha bei dem alten Schloss an. Er hatte es sich riesengroß vorgestellt, mit Türmen und dicken Mauern. Was er vorfand, glich hingegen eher einem normalen Landhaus. Ein schönes Haus, keine Frage, aber es sah nicht wirklich wie ein Schloss aus.

Er trat näher. In der Nähe vom Eingang spielten ein paar Kinder und auf dem Rasen vor dem Haus spazierten zwei stolze Pfaue entlang. Wolken zogen langsam am Himmel vorbei und man konnte das fließende Wasser eines nicht weit entfernten Baches hören. Alles wirkte sehr friedlich.

Da er ansonsten niemanden sah, fragte er die Kinder nach dem Schlossgärtner. Eines der Kinder, ein kleines Mädchen, zeigte ihm einen Pfad, der durch den Garten hindurch direkt zu der Hütte des Gärtners führte. Der kleine Buddha bedankte sich für die Hilfe und folgte dem beschriebenen Pfad.

Unterwegs kam er an vielen wundervollen Bäumen, Büschen und Blumen vorbei. Ein herrlich frischer Duft lag in der Luft. „Was für ein schöner Ort zum Leben", dachte er sich. Die Menschen hier mussten sehr glücklich sein.

Nach einiger Zeit gelangte der kleine Buddha zu der beschriebenen Hütte. Er klopfte an die Tür. Nichts. Er schaute sich um, doch von dem Gärtner fehlte weit und breit jede Spur. Gerade als er sich hinsetzen wollte, um auf ihn zu warten, hörte er aus einiger Entfernung ein leises Pfeifen. Der kleine Buddha ging neugierig um die Hütte herum und dabei wurde das leise Pfeifen langsam etwas deutlicher. Auf der anderen Seite der Hütte angekommen, sah er einen großen Gemüsegarten vor sich und inmitten von diesem Gemüsegarten kniete ein zufrieden vor sich hin pfeifender Mann mittleren Alters. „Das muss der Gärtner sein", dachte sich der kleine Buddha.

Als der Mann den Besucher bemerkte, stand er auf und kam auf ihn zu.

„Hallo", sagte er mit freundlicher Stimme.

„Hallo", erwiderte der kleine Buddha. „Ich suche den Schlossgärtner."

Der Mann lächelte.

„Du stehst vor ihm. Was kann ich für dich tun?"

Der kleine Buddha erzählte ihm, dass er bei der blinden Hexe im Wald gewesen war. Er richtete die schönen Grüße aus und fragte den Gärtner, ob es eine Möglichkeit gäbe, für ein paar Tage bei ihm zu bleiben.

„Aber natürlich, du kannst so lange bleiben, wie du möchtest. Ich habe noch ein zweites Bett in meiner Hütte. Eine Frage habe ich nur: Warum hat die Hexe dich zu mir geschickt?"

„Nach der hektischen Stadt wollte ich an einen ruhigen Ort. Da mir die Höhle im Wald zu dunkel war, gab mir die blinde Hexe den Rat, dass ich dich besuchen solle."

Der Gärtner lächelte wieder.

„Dann sei willkommen und fühle dich wie zu Hause."

Der kleine Buddha blieb eine ganze Weile bei dem Gärtner in dem Schlossgarten. Er begann wieder, regelmäßig zu meditieren, und dabei genoss er die himmlische Ruhe und die Schönheit der Natur. Es fühlte sich ein bisschen wie zu Hause an, wie unter seinem großen alten Bodhi-Baum.

Manchmal half er dem Gärtner bei dessen Arbeit. Beim Gießen der Blumen, beim Beschneiden der Bäume und Büsche und beim Einpflanzen von neuen Samen. Aber manchmal schaute er ihm auch einfach nur zu, denn der kleine Buddha liebte es, andere Menschen zu beobachten.

Der Gärtner war eine faszinierende Person. Wenn er durch seinen Garten spazierte, blieb er immer wieder stehen und schaute den Pflanzen beim Wachsen zu. So schien es wenigstens. Man hätte meinen können, dass der Gärtner unheimlich langsam arbeitete, aber das stimmte nicht. Er vollbrachte seine Arbeit einfach mit einer unglaublichen inneren Ruhe. Er besaß eine Gelassenheit, die sogar den kleinen Buddha beeindruckte. Nichts schien ihn aus der Ruhe zu bringen. Nicht die spielenden Kinder, die oft viel Lärm machten, nicht ein starker Wind oder gar ein Gewitter, ja noch nicht einmal die beiden Schlosshunde, die immer wieder durch seine Beete liefen.

„Woher nimmst du deine ganze Geduld", wollte der kleine Buddha eines Abends von ihm wissen, als sie gemütlich vor der Hütte um ein kleines Lagerfeuer herum saßen.

„Ich weiß nicht genau", antwortete der Gärtner. „Wahrscheinlich hilft mir die Landschaft, geduldig zu sein. Ich lebe hier ja schon mein ganzes Leben. Von einigen wenigen Ausnahmen abgesehen, bin ich fast immer von Ruhe umgeben und daher ist es für mich nur natürlich, selbst auch ruhig zu sein."

„Ich verstehe dennoch nicht, wie du das machst", sagte der kleine Buddha. „Wenn ich zu Hause unter meinem Baum sitze, dann habe ich keine wichtigen Aufgaben zu erledigen. Ich habe dann also Zeit, nett zu sein, geduldig zu sein oder einfach ruhig zu sein. Aber du hast ein normales Leben, du hast Verpflichtungen und Ablenkungen, jeden Tag hast du viel zu tun. Und dennoch bist du immer freundlich und hast Zeit für alles und jeden. Das ist mir einfach ein Rätsel."

Der Gärtner verstand die Frage des kleinen Buddha, aber für ihn war es kein Rätsel.

„Ich nehme mir einfach die Zeit", sagte er.

„Und woher nimmst du die Zeit, wenn keine da ist?"

„Es ist immer Zeit da.
Es kommt nur darauf an,
was du mit ihr machst."

Der kleine Buddha wusste, was der Gärtner meinte. Er selbst hatte ja Herrn Singh, dem hektischen Reisenden aus der Stadt, der noch nie auf einer Reise gewesen war, fast das Gleiche gesagt. Trotzdem gab er sich mit der Antwort noch nicht zufrieden.

„Und was ist, wenn du ein unvorhergesehenes Problem hast? Was ist zum Beispiel, wenn der Brunnen kaputt ist und du den ganzen Tag damit beschäftigt bist, Wasser aus dem Bach hierher zu tragen? Woher nimmst du dann die Zeit für deine anderen Aufgaben?"

„Dann hätte ich in der Tat nur Zeit zum Wassertragen. Das wäre aber nicht weiter schlimm. Die Frage ist, was gerade wichtig ist. Manche Probleme kann man nicht vermeiden und daher muss man sie einfach geschehen lassen."

Sie unterhielten sich an jenem Abend noch lange weiter. Über das faszinierende Mysterium der Zeit, über Probleme und Chancen, über Ruhe und über das Leben.

Am darauffolgenden Morgen spazierten sie beide schweigend durch den riesigen Schlossgarten. Es hatte in der Nacht geregnet und somit war die Luft frischer und klarer als normalerweise. Es war eine wunderbare Art aufzuwachen.

Während sie den Spaziergang genossen, dachte der Gärtner über ihr Gespräch vom Vorabend nach.

„Ich glaube, ich habe viel von der Natur gelernt", sagte er auf einmal.

Der kleine Buddha war noch nicht völlig wach.

„Was meinst du?"

„Na, du hast mich doch gestern gefragt, woher ich meine Geduld habe."

„Ja, und woher hast du sie?"

„Von der Natur. Geduld heißt ja eigentlich nichts anderes, als warten zu können. Und die Fähigkeit zu warten habe ich von der Natur gelernt."

Der Gärtner schaute sich um und zeigte auf einen großen Baum.

„Du kannst dich wochenlang vor diesen Baum setzen und versuchen, ihm beim Wachsen zuzusehen.
Vergeblich! Und warum? Weil der Baum ganz langsam
wächst, so langsam, dass du sogar von einem Monat
auf den nächsten keinen Unterschied erkennst. Doch
der Baum wächst. Jeden Tag ein Stückchen. Ein großer
starker Baum wie dieser braucht einfach viel Zeit zum
Wachsen. Und wenn du nun den Samen eines solchen
Baumes einpflanzt und sehen willst, wie aus einem
winzigen Samen dieser riesige, prachtvolle Baum
wird, dann brauchst du viel Geduld.

Du musst warten können."

Der kleine Buddha hörte aufmerksam zu und betrach-
tete dabei den großen Baum, vor dem sie stehen geblieben waren.

„Mit den Menschen verhält es sich ähnlich", fuhr
der Gärtner fort, „auch sie brauchen viel Zeit zum
Wachsen. Weißt du, jeder Mensch wächst durch Erfahrungen und Erfahrungen zu machen, das dauert.
Daher sollten wir auch mit den Menschen geduldig
sein. Wir sollten immer bereit sein, auf ihre volle Ent-
faltung, auf ihre volle Größe zu warten."

Sie schwiegen wieder und bewunderten den Baum.
„Schade, dass nicht alle Menschen so viel Geduld haben wie du", sagte der kleine Buddha schließlich.

„Geduld, um die guten Dinge
im Leben einfach geschehen zu lassen."

Der kleine Buddha blieb mehrere Wochen bei dem Gärtner. Dann kam der Tag, an dem er seine Reise fortsetzte. Die Zeit zum Abschied war gekommen.

„Vielen Dank für deine Gastfreundschaft", sagte er mit einem Lächeln im Gesicht. „Ich hoffe, ich werde eines Tages an diesen wundervollen Ort zurückkehren."

„Du bist immer herzlich willkommen", sagte der Gärtner. Dann dachte er kurz nach. „Mach doch einen kleinen Abstecher in das nahe gelegene Dorf. Gehe dort zu der Bäckerei am Marktplatz und erkundige

dich nach der Bäckerin. Falls sie nicht gerade drinnen in ihrer Backstube Brot backt, sitzt sie wahrscheinlich draußen auf einer Bank und liest ein Buch. Frage sie nach dem Geheimnis ihres Glücks. Sie wird dir dann eine Geschichte erzählen."

Die glückliche Bäckerin

Vom Geheimnis, im Jetzt zu leben

*W*ie der Gärtner vorhergesagt hatte, saß die Bäckerin friedlich draußen vor ihrer Bäckerei und las ein Buch. Drinnen verkaufte eine ihrer Aushilfen das Brot, das die Bäckerin den ganzen Morgen über gebacken hatte. Der herrliche Duft von frischem Brot lockte zahlreiche Dorfbewohner an. So viele, dass sich in der frühen Mittagssonne bereits eine kleine Schlange vor der Bäckerei gebildet hatte.

Der kleine Buddha beobachtete die Bäckerin eine Weile von der anderen Seite des Marktplatzes aus. Fast die ganze Zeit verbrachte sie gemütlich auf ihrer Bank. Entweder las sie in ihrem Buch oder sie unterhielt sich mit einem ihrer vielen Freunde, die regelmäßig vorbeikamen. Anders als in der großen Stadt kannten sich hier viele der Einwohner persönlich.

Wenn die Schlange vor der Bäckerei zu lang wurde, stand die Bäckerin auf und half beim Verkauf der frischen Ware. Sie wirkte glücklich und zufrieden, als würde sie jeden Moment bewusst genießen.

Der kleine Buddha wartete auf einen der etwas ruhigeren Momente und ging dann zu ihr hinüber.

„Darf ich mich setzen?", fragte er und zeigte auf den freien Platz neben ihr. „Ich habe eine Frage an dich."

Die Bäckerin schaute von ihrem Buch auf und lächelte einladend.

„Aber gerne."

Sie musterte ihn kurz von Kopf bis Fuß.

„Du siehst aus wie jemand, der mich nach dem Geheimnis meines Glücklichseins befragen will."

Der kleine Buddha zuckte einen Moment leicht zurück und schaute sie dann erstaunt an.

„Woher weißt du das?"

Vielleicht hatte der Gärtner ihr von seinem Besuch erzählt. Aber nein, dafür war nicht genügend Zeit gewesen.

„Nun, du stehst schon seit über einer Stunde auf der anderen Seite des Marktes und starrst mich an."

Der kleine Buddha lief rot an.

„Keine Angst, neugierig zu sein ist keine Sünde. Außerdem haben das bisher alle gemacht, die wegen des Geheimnisses zu mir gekommen sind."

Sie nahm einen großen Schluck aus einer Tasse mit Pfefferminztee und atmete einmal tief durch.

„Eigentlich ist es gar kein Geheimnis. Es ist einfach nur eine Geschichte. Eine Geschichte, die von der Versuchung handelt, das Glücklichsein auf später zu verschieben. Möchtest du sie hören?"

„Ja, das würde ich gerne", freute sich der kleine Buddha.

Also legte die Bäckerin das Buch zur Seite und begann, eine wahre Begebenheit aus ihrem Leben zu erzählen.

Vor einigen Jahren gab es einen Geschäftsmann, der gerade neu in unser Dorf gezogen war. Als er zum ersten Mal in meine Bäckerei kam, verliebte er sich direkt in mein Brot. Er war begeistert von dem herrlichen Duft und dem besonderen Geschmack.

Eines Tages saß ich so wie heute gemütlich und glücklich mit meinem Buch auf meiner Bank, als der Geschäftsmann in die Bäckerei kam. Er kaufte Brot und setzte sich dann neben mich.

„Sie sind die Bäckerin, nicht wahr?", fragte er, woraufhin ich nickte.

„Ich habe etwas über Ihr wundervolles Brot nachgedacht und dabei eine Idee gehabt, die ich Ihnen gerne erzählen würde."

„Ideen höre ich mir immer gerne an", sagte ich. „Also, legen Sie los."

Der Geschäftsmann legte los.

„Ich habe schon in vielen verschiedenen Dörfern und Städten gelebt und so gutes Brot wie Ihres habe ich noch nirgendwo gegessen."

Ich lächelte, denn über solche Komplimente konnte man sich natürlich freuen.

Der Geschäftsmann fuhr fort.

„Warum machen Sie nicht im nächsten Dorf noch eine Bäckerei auf? Ihr Brot würde sich überall gut verkaufen. Sie könnten einfach jemandem Ihre Brotbackkunst beibringen und dieser Jemand backt dann Ihr Brot für Sie in einem anderen Dorf. Wenn Sie dann noch eine andere Person einstellen, um das Brot zu verkaufen, dann hätten Sie eine zweite Bäckerei."

„Und dann?", wollte ich wissen.

„Wenn die zweite Bäckerei auch erfolgreich ist, dann müssten Sie zuerst einmal mehrere Leute in ihrer Brotkunst ausbilden. Wenn Sie das gemacht haben, dann könnten Sie mithilfe eines Bankkredits ihre Bäckereien in vielen verschiedenen Dörfern und Städten eröffnen."

„Und dann?"

„Wenn irgendwann alles gut läuft, dann werden Sie genug Geld verdienen, um weitere Leute einstellen zu können. Ihre Angestellten werden Ihnen dann Ihre ganze Arbeit abnehmen. Um das zu erreichen, brauchen Sie natürlich Geduld und Ausdauer, einige Jahre oder vielleicht sogar ein Jahrzehnt könnte es schon dauern. Aber Sie werden sehen, es lohnt sich. Sie werden viel Geld verdienen, ohne dafür arbeiten zu müssen."

„Und dann?"

„Dann werden Sie alle Zeit der Welt haben, um machen zu können, wozu Sie wirklich Lust haben."

„Was denn zum Beispiel?", wollte ich wissen.

Der Geschäftsmann musste kurz nachdenken, hatte aber sogleich eine Idee.

„Sie könnten zum Beispiel gemütlich hier sitzen und ein schönes Buch lesen ..."

Die Bäckerin und der kleine Buddha mussten beide schmunzeln.

Wie einfach es doch war,
das Leben kompliziert zu machen.
Und wie schwierig es sein konnte,
einfach glücklich zu sein.

Der zweifelnde Krieger

Vom Geheimnis, an sich selbst zu glauben

*N*ach dem Ende der Geschichte unterhielt sich der kleine Buddha noch eine Weile mit der Bäckerin und probierte ihr köstliches Brot, bevor er am frühen Nachmittag wieder aufbrach. Er hatte von der mutigen Witwe, die er zu Beginn seiner Reise getroffen hatte, gehört, wie schön das Meer sein soll. Da er noch nie am Meer gewesen war, wollte er es nun endlich selbst kennenlernen.

Zu Fuß hätte die Reise zwei oder sogar drei Tage gedauert. Am Morgen des zweiten Tages hatte der kleine Buddha aber Glück und wurde von einem Pferdewagen mitgenommen, der den ganzen Weg bis zur Küste fuhr. In wenigen Stunden würde er sein Ziel erreichen.

Das große blaue Meer erwartete ihn.

Er saß hinten auf dem Pferdewagen auf einem Strohballen und schaute sich träumend die vorbeiziehende Landschaft an. Es war einfach wunderschön, unterwegs zu sein.

„Zu reisen ist eigentlich auch eine Form der Meditation", dachte er sich. „Man lebt völlig in der Gegenwart und genießt jeden Moment."

Zeit löste sich langsam auf.

Neben ihm saß ein Mann mittleren Alters. Er trug ein altes Gewand und hatte dazu ein Schwert umhängen. Der Mann wirkte sehr nachdenklich.

Eine Zeit lang saßen sie einfach schweigend nebeneinander. Doch es dauerte nicht lange, da wurde der kleine Buddha wieder neugierig.

„Wieso trägst du ein Schwert bei dir?"

Der Mann schaute erst sein Schwert an und dann den kleinen Buddha.

„Ich bin ein Soldat. Das Schwert ist meine Waffe."

„Du siehst gar nicht aus wie ein Soldat", wunderte sich der kleine Buddha. „Wohin fährst du?"

„Ich kehre gerade aus dem Krieg zurück und bin auf dem Weg in mein Heimatdorf."

Nach vielen Jahren herrschte endlich Frieden an den Grenzen und der Krieger konnte wieder zurück nach Hause. Doch anstatt Erleichterung und Freude sah der kleine Buddha viele Sorgenfalten in dem Gesicht des Soldaten.

„Du siehst gar nicht richtig glücklich aus. Bist du denn nicht froh, dass der Krieg zu Ende ist?"

„Doch, natürlich bin ich das."

Er versank für einen Moment in Gedanken.

„Der Krieg war furchtbar. Ich glaube, wenn du ihn nicht selbst erlebt hast, kannst du dir gar nicht vorstellen, wie schrecklich er war."

Er hielt inne.

„Menschen, die so viel Leid gesehen haben wie ich, haben eigentlich nur noch zwei Möglichkeiten: entweder vor lauter Wut und Verzweiflung für immer weiterzukämpfen und somit für immer nach neuen Kriegen zu suchen. Oder nie wieder eine Waffe zu benutzen.

Ich habe mich entschlossen, nie wieder eine Waffe anzufassen. Direkt nach meiner Rückkehr werde ich mein Schwert für immer ganz tief im Meer versenken. Ich will Frieden in meinem Leben haben und daher freue ich mich natürlich, dass der Krieg endlich zu Ende ist."

Er lächelte ein wenig, doch seine Sorgenfalten gingen nicht weg.

„Aber du hast recht, es gibt etwas, das meine Freude trübt. Ich bin zwar überglücklich, den Krieg überlebt zu haben und nun nach Hause zu kommen, aber gleichzeitig habe ich auch Angst vor der Zukunft."

Der kleine Buddha schaute ihn fragend an.

„Weißt du", fuhr der Krieger fort, „ich weiß einfach nicht, was ich jetzt tun soll. Schließlich habe ich doch nichts anderes gelernt, als in großen Schlachten zu kämpfen."

Als Krieger hatte er sich immer stark gefühlt, er hatte immer genau gewusst, was zu tun war. Aber jetzt? Er wusste einfach nicht, wie er ein normales Leben führen sollte.

„Aber du kannst doch etwas anderes lernen", sagte der kleine Buddha.

„Es ist nie zu spät, um einen Neuanfang zu wagen."

Der Krieger starrte verzweifelt geradeaus.

„Aber ich kenne doch nichts anderes als den Krieg." Er wirkte kraftlos und unsicher.

„Ich habe einfach Angst vor der Veränderung, die mir bevorsteht. Der Krieg ist schrecklich, keine Frage. Jeder Tag ist gefährlich und es gibt viel Trauer, Schmerz und Tod. Aber ich hatte mich an die Gefahr und das Grauen gewöhnt, all das war mir bekannt. Das mag sich jetzt seltsam für dich anhören, aber weil es bekannt war, hat es mir irgendwann fast keine Angst mehr gemacht."

Sie lauschten beide für einen Moment dem Geschrei eines vorbeiziehenden Vogelschwarms.

„Ja, das verstehe ich", sagte der kleine Buddha.

„Das Unbekannte macht einem immer mehr Angst als das Bekannte und deswegen sind Veränderungen auch nie einfach."

Er dachte an die Worte der blinden Hexe. „Wie du eine Situation wahrnimmst, hängt davon ab, welche Seite der Münze du betrachtest." Vielleicht musste der Krieger einfach seine Sichtweise ändern.

„Versuche doch, deine Situation nicht als ein Problem zu sehen, das dir Angst macht, sondern als eine Möglichkeit, die dir Hoffnung gibt."

Der Krieger dachte kurz nach.

„Ich verstehe ja, was du meinst, aber es fällt mir momentan sehr schwer, meine Situation als etwas anderes anzusehen als ein Problem. Wer will schon einem in die Jahre gekommenen Soldaten Arbeit geben?"

Seine Verzweiflung blieb.

Der kleine Buddha musste feststellen, dass es doch nicht immer so einfach war, die Münze von der negativen auf die positive Seite zu drehen. Zumindest war es nicht so einfach, wie es sich bei der Hexe angehört hatte.

Während sie eine Weile schweigend hinten auf dem schaukelnden Pferdewagen saßen, überlegte der kleine Buddha, wie er seinem Weggefährten helfen konnte. Es musste doch irgendwie möglich sein, ihm etwas Zuversicht zu vermitteln. Vielleicht konnte der Krieger eine Lösung für sein Problem finden, indem er das tat, was er am besten konnte: die Welt mit den Augen eines Kriegers zu betrachten.

„Wie bist du denn vor einer Schlacht mit deiner Angst umgegangen?", wollte der kleine Buddha daher wissen.

Der Krieger musste eine Weile nachdenken. So eine Frage hatte ihm noch nie jemand gestellt.

„Ich glaube, es gibt zwei wesentliche Dinge, die mir immer geholfen haben, meine Angst vor einer Schlacht zu überwinden. Zum einen war es unheimlich wichtig, dass ich nicht zurückgeschaut habe, nicht für einen einzigen Moment. Sobald ich anfing, an die Toten des Vortages oder der Vorwoche zu denken, war ich wie gelähmt vor Angst. Meine ganze Konzentration galt somit immer nur dem bevorstehenden Kampf. Ich hörte auf nachzudenken und ließ mich einfach fallen."

„Und was hat dir noch geholfen?"

„Der Glaube daran, zu gewinnen. Den Kampf zu gewinnen und wieder lebend nach Hause zu kommen. Je stärker dieser Glaube war, desto weniger Angst hatte ich."

„Aber woher hast du den Glauben genommen, dass du den Krieg heil überstehen wirst?", warf der kleine Buddha ein. „Die Chance zu sterben war doch furchtbar groß."

„Das ist richtig", erwiderte der Krieger, „aber wenn ich von Anfang an gedacht hätte, dass ich sowieso sterben werde, dann wäre ich besser zu Hause geblieben. Wenn ich glaube, dass ich verlieren werde, wie kann ich dann gewinnen?"

Dass es wichtig war, eine positive Einstellung zu haben, das konnte der kleine Buddha gut nachvollziehen. Was er allerdings nicht verstand, war die Art und Weise, wie der Krieger seinen Glauben steuerte.

„Wie hast du es geschafft, dass du nur an das Gewinnen geglaubt hast? Hattest du als Soldat nie Zweifel am Sieg?"

„Nein, ich durfte im Kampf keine Zweifel haben. Ich brauchte völlige Klarheit und Überzeugung."

Der Krieger hielt einen Moment inne und dachte über seine eigenen Worte nach. Dann fuhr er fort.

„Um den Glauben am Sieg zu festigen, habe ich mir immer wieder genau vorgestellt, wie sich der siegreiche Moment anfühlen wird. In meinem Geiste tat ich so, als hätte ich bereits gewonnen. Immer wieder. Ich fühlte die Erleichterung, den Ruhm und den Stolz. Ich spürte, wie ich vor Freude meine Arme jubelnd in die Höhe riss. Immer wieder. Und jedes Mal versuchte ich, diese Gefühle so echt und intensiv wie möglich zu erleben."

Er schwieg wieder für einige Momente.

„Weißt du", sagte er schließlich,

„wenn es um den Glauben geht,

dann ist das Gefühl das Wichtigste.

Denn was ich fühle, das glaube ich auch."

Der kleine Buddha hatte aufmerksam zugehört. Alles ergab viel Sinn. Alles bis auf eine Sache.

„Ich frage mich, wieso du nicht einfach deine Kriegereigenschaften benutzt, um deine Angst vor einem neuen Lebensabschnitt zu überwinden?"

Der Krieger starrte den kleinen Buddha überrascht an.

„Überlege dir, was du genau willst. Suche dir ein konkretes Ziel. Dann versetze dich in den glücklichen Moment, wenn du das erste Mal deinen Wunschberuf ausübst, wenn du dein Ziel erreicht hast. Stelle dir den erfolgreichen Moment genau vor, so wie du es vor jeder Schlacht getan hast."

Der Krieger lächelte das erste Mal an diesem Tag. Wie recht der kleine Buddha doch hatte. Die entsetzliche Verzweiflung, die er zu Beginn ihrer Unterhaltung verspürt hatte, verschwand ein wenig. Langsam, aber sicher, schöpfte er wieder Hoffnung.

Da sich Hoffnung gut anfühlte, begann er auch wieder, an sich und seine Möglichkeiten zu glauben. Und je stärker dieser Glaube wurde, desto schwächer wurde seine Angst vor den bevorstehenden Veränderungen.

Der Pferdewagen rollte langsam in Richtung Küste. Mit jeder Radlänge, die sie dem Meer näher kamen, wurde die Luft um sie herum frischer und klarer. Während der Krieger angestrengt überlegte, was für ein berufliches Ziel er sich setzen sollte, meditierte der kleine Buddha. Oder besser gesagt, er versuchte es, denn auch er dachte über die Situation des Kriegers nach. Auf einmal kam ihm eine Frage in den Kopf.

„Welchen Beruf würdest du wählen, wenn du wüsstest, dass du nicht scheitern kannst?"

Der Krieger starrte den kleinen Buddha einen Moment lang an, bevor er antwortete.

„Gärtner. Ich glaube, ich würde als Gärtner arbeiten wollen."

Er verstummte. Als er dann weitersprach, wirkte er sehr entschlossen.

„Die letzten beiden Jahrzehnte habe ich in erbitterten Kriegen gekämpft und dabei viel Zerstörung angerichtet. Ich will das wiedergutmachen, zumindest ein wenig. Ich möchte etwas schaffen, das wächst. Nicht von Tod umringt sein, sondern von Leben."

Der kleine Buddha erinnerte sich an den geduldigen Gärtner, bei dem er noch vor Kurzem gewesen war.

„Ich habe einen Freund, der Gärtner ist, vielleicht solltest du ihn mal besuchen." Er verfiel in einen kleinen Tagtraum. „Ja, ich glaube, das ist in der Tat ein schöner Beruf. Den ganzen Tag an der frischen Luft zu sein, mit dem Rhythmus der Natur zu leben, umgeben von fröhlichen Wesen ... Ich könnte mir selbst auch vorstellen, Gärtner zu sein."

Der Krieger lächelte zufrieden.

„Und jetzt überleg doch mal", fuhr der kleine Buddha fort, „du hast einen langen Krieg überlebt, obwohl die Chance groß gewesen war zu sterben. Wieso solltest du also als Gärtner scheitern?"

Am frühen Nachmittag erreichten sie die Küste. Der Pferdewagen blieb stehen und der kleine Buddha stieg ab. Der Krieger hingegen musste noch einen halben Tag auf dem schaukelnden Wagen bleiben, um in sein Heimatdorf zu gelangen. Ihre Wege trennten sich also wieder.

Obwohl es sehr heiß war, machte dem Krieger die lange Fahrt nichts aus. Er war glücklich, denn er hatte ein Ziel gefunden, an das er glaubte und für das es sich zu kämpfen lohnte. Ein Ziel, für das es sich zu leben lohnte.

Und der kleine Buddha?

Der kleine Buddha war restlos überwältigt vom Anblick des Meeres. Vor lauter Aufregung vergaß er fast, sich zu verabschieden.

„Viel Erfolg!", rief er dem Krieger hinterher, bevor er eine große Sanddüne hinunterlief, um das Meer kennenzulernen.

Die alten Fischer

Vom Geheimnis, glücklich alt zu werden

*F*ür den kleinen Buddha war die Begegnung mit dem Meer Liebe auf den ersten Blick. Es war noch viel beeindruckender, als er es sich vorgestellt hatte. Es war groß, geheimnisvoll und wunderschön. Es wirkte so einfach und doch so mächtig. Er konnte es gar nicht fassen, dass er noch nie zuvor dort gewesen war. Es kam ihm vor, als hätte er einen Schatz gefunden. Einen magischen Schatz, der jeden Ort in seiner unmittelbaren Nähe in etwas ganz Besonderes verwandelte.

Die Zeit schien stehen zu bleiben. Nachts schlief er friedlich zwischen zwei kleineren Sandhügeln und tagsüber meditierte er stundenlang unter einer einsamen Palme am Strand. Manchmal ging er auch ins Wasser, um das Meer noch intensiver zu erleben, um es mit allen Sinnen in sich aufzunehmen.

Er badete und fühlte das weiche Nass auf seiner Haut, er schmeckte das Salz auf seinen Lippen und wenn er tief einatmete, konnte er in seiner Nase den Geruch von frischer Küstenluft wahrnehmen. Er hörte dem Rauschen der Wellen zu und mit seinen Augen bewunderte er die unendliche Weite dieser riesigen blauen Wüste. Jeder Moment am Meer schien ihm vollkommen.

Schon bald nach seiner Ankunft war dem kleinen Buddha eine Gruppe von fünf alten Fischern aufgefallen, die sich jeden Tag zur gleichen Zeit in der Nähe von seinem Schlafplatz trafen. Auf einem großen Felsen sitzend, gingen sie gemeinsam ihrer Leidenschaft und früheren Arbeit nach: Sie angelten.

Ungefähr eine Woche lang beobachtete der kleine Buddha die fünf Fischer aus der Entfernung. Jeden Nachmittag versammelten sie sich alle auf dem großen Felsen. Sie kamen nie gemeinsam an, sondern jeder für sich alleine. Wenn dann alle da waren, packten sie ihre Angeln aus, machten einen Köder an dem Haken fest und warfen anschließend die Angelschnur mit Haken und Köder so weit sie konnten ins Meer hinaus. Dann warteten sie geduldig darauf, dass Fische anbissen, und schauten dabei der langsam untergehenden Sonne zu. Jeder Einzelne von ihnen machte einen sehr ruhigen und vor allem einen glücklichen Eindruck.

„Das muss am Meer liegen", dachte sich der kleine Buddha.

Eines späten Nachmittags ging er zu ihnen hinüber.

Er war neugierig geworden.

„Hallo", sagte er mit freundlicher Stimme. „Ich habe euch eine Weile beobachtet und begann mich zu fragen, wie es kommt, dass ihr so glücklich ausseht?"

Die Fischer schauten ihn an und nach einigen Momenten des Schweigens sagte einer von ihnen das, was alle dachten.

„Wir sehen glücklich aus, weil wir glücklich sind."

„Und wieso seid ihr glücklich?"

„Weil wir es so wollen", sagte ein anderer Fischer mit einem Lächeln.

Da war er wieder, der Wille. Schon die blinde Hexe hatte davon erzählt. „Wenn es doch nur so einfach wäre", dachte sich der kleine Buddha. Auf seiner bisherigen Reise hatte er viele alte Menschen gesehen, aber die meisten hatten eher traurig gewirkt. Er bezweifelte, dass alle diese Menschen traurig sein wollten, und daher fragte er sich, was wohl das Geheimnis der alten Fischer war.

„Was braucht man denn genau, um glücklich alt zu werden?" Für einige Momente war es wieder still. Nur das sanfte Rauschen der ankommenden Wellen war zu hören.

„Setz dich doch erst mal", sagte schließlich einer der Fischer und zeigte auf eine freie Stelle auf dem Felsen.

Der kleine Buddha setzte sich.

Ohne ein Wort auszusprechen, hießen ihn die Fischer willkommen. Er fühlte sich auf Anhieb wohl in ihrer Gesellschaft. Die angenehme Ruhe, die von den alten Männern ausging, erinnerte den kleinen Buddha an sein eigenes Zuhause. Der große Bodhi-Baum, unter dem er die ganzen letzten Jahre gelebt hatte, war ja auch alt, vielleicht strahlte also das Alter selbst etwas Ruhiges aus.

„Seid ihr glücklich, weil ihr alt seid?"

Alle fünf Fischer mussten schmunzeln.

„Das ist eine gute Frage", sagte einer von ihnen. „Ich bin alt und fühle mich glücklich, aber ob es einen Zusammenhang zwischen Alter und Glücklichsein gibt? Ich weiß nicht. Dann müsste es ja eigentlich auch eine Verbindung zwischen Jugend und Trauer geben." Der Fischer dachte einen Augenblick nach. „Wenn du traurig bist, bist du dann traurig, weil du jung bist?"

Der kleine Buddha schaute ihn überrascht an und schüttelte dann schnell den Kopf. „Nein", dachte er sich, „ich war noch nie traurig, nur weil ich jung bin." Und nur weil er jung war, nur aus diesem Grund hatte er sich auch noch nie glücklich gefühlt.

Ein anderer Fischer meldete sich zu Wort.

„Ich glaube, niemand ist glücklich, nur weil er alt ist. Es gibt schließlich auch viele alte Menschen, die schrecklich traurig sind. Dein Gefühlszustand, ob traurig oder glücklich, hängt nicht vom Alter ab. Es ist eher umgekehrt:

*Das wahre Alter hängt davon ab,
wie du dich fühlst. Fühlst du dich glücklich,
dann strahlst du in dem Moment
etwas Frisches, etwas Jugendliches aus.*

Fühlst du dich hingegen traurig, dann wirkst du eher alt. Oder findest du nicht auch, dass traurige Menschen normalerweise viel älter aussehen als glückliche Menschen?"

Der kleine Buddha nickte zustimmend. Der Fischer hatte recht. Glückliche Menschen wirkten immer lebendiger. Als wären sie noch viel weiter von der Traurigkeit des Todes entfernt.

Der Fischer, der direkt neben dem kleinen Buddha stand, ergriff das Wort.

„Das Alter bringt natürlich einige angenehme Dinge mit sich. Gelassenheit zum Beispiel. Als junger Mann habe ich mir immer viel zu viele Sorgen um alles gemacht. Um meine Arbeit, meine Familie, mein Haus, um das Wetter, um die Zukunft und sogar um den lieben Gott. Anstatt mir um all diese Dinge den

Kopf zu zerbrechen und über etwas nachzudenken, das noch überhaupt nicht passiert ist, nehme ich die Dinge heute einfach so, wie sie gerade kommen.

Ich lasse das Leben einfach Leben sein. Ohne irgendwelche Erwartungen zu haben, weder gute noch schlechte."

Er starrte nachdenklich auf den dunkelgelb schimmernden Horizont.

„Wenn ich so auf mein eigenes Leben zurückblicke, dann waren es meine Erwartungen, die viel Ruhelosigkeit verursacht haben. Je weniger ich dagegen im Leben auf etwas gewartet habe, desto mehr Ruhe habe ich gefunden."

Der Fischer verließ mit seinen Augen wieder den Horizont und schaute nun den kleinen Buddha an.

„Diese tief gehende Gelassenheit hat mit dem Alter zu tun, da bin ich mir sicher. Sie begann nämlich in dem Moment, als mir bewusst wurde, dass ich einfach keine Zeit mehr habe, um ständig auf das Jetzt zu warten."

Sie saßen eine Weile da und schwiegen. Mit dem ruhigen Meer neben und dem bewegungslosen Felsen unter ihnen schien es so, als würden sie alle zusammen meditieren.

Dann bewegte sich auf einmal die Angel von dem Fischer, der am nächsten zum Wasser stand.

„Du hast gefragt, was man braucht, um glücklich alt zu werden?"

Er trat einen Schritt zurück und umfasste seine Angel mit beiden Händen.

„Ganz einfach: frische Luft und frisches, leckeres Essen!"

In dem Moment, in dem er das letzte Wort gesprochen hatte, zog er seine Angel ruckartig aus dem Wasser und präsentierte einen großen, zappelnden Fisch. Alle lachten.

„Warte, ich muss mich korrigieren", fuhr der gerade erfolgreich gewesene Fischer fort. „Der Mensch braucht nicht nur viel frische Luft und leckeres Essen, sondern er muss auch jeden Tag mindestens einmal richtig lachen."

Wie recht der Mann doch hatte, dachte sich der kleine Buddha. Obwohl es so einfach war und so guttat, wurde viel zu wenig gelacht auf der Welt.

Einer von den anderen Fischern meldete sich nun zu Wort.

„Ich denke, um glücklich alt zu werden, muss man in Bewegung bleiben. Mit dem Körper, mit dem Geist und auch mit dem Herzen. Wie ein Fluss, der nie aufhört zu fließen. Nimm uns als Beispiel. Wir können nicht mehr wie früher den ganzen Tag auf hoher See verbringen. Dazu fehlt uns die Kraft. Unsere Kinder und Enkelkinder kümmern sich um uns, wir müssen also nicht mehr arbeiten. Aber das heißt nicht, dass wir aufhören wollen zu fischen. Schließlich haben wir unsere Arbeit über die Jahre lieben gelernt, warum sollten wir sie ganz aufgeben? Also treffen wir uns hier jeden Tag. Durch den täglichen Spaziergang zum Meer halten wir unsere Körper in Bewegung, die Gespräche und die regelmäßige Beschäftigung halten unseren Geist aktiv und das Zusammensein mit Freunden bewegt unser Herz."

„Das stimmt", sagte der Fischer, der direkt neben dem kleinen Buddha stand, „aber es kommt noch etwas hinzu: Das Wichtigste ist, dass du deine Neugierde behältst und nie aufhörst zu lernen. Denn solange du neugierig bleibst, wirst du auch immer wieder Dinge im Leben entdecken, die dich glücklich machen. Du reist zum Beispiel und somit erlebst du jeden Tag etwas Neues, jeden Tag lernst du etwas über das Leben. Und auch wir lernen täglich etwas dazu, denn das Meer ist ein Lehrer mit unendlichem Wissen. Wenn du geduldig und aufmerksam bist, dann teilt es seine ganze Weisheit mit dir."

Eine große Welle rollte heran und brach sich am Felsen.

„Wisst ihr", sagte der Älteste der Fischer, „es gibt tausend gute Gründe, glücklich zu sein. Egal ob man alt oder jung ist. Aber für mich ist eine Sache ganz klar am wichtigsten." Er hielt einen Moment inne. „Und zwar sind das die Menschen, die ich liebe. Meine Familie. Meine Freunde. Und auch die Fremden, die ich noch nicht kenne und die vielleicht irgendwann meine Freunde sein werden. Ich bin dankbar dafür, dass ich allen diesen Menschen in meinem Leben begegnet bin, denn jeder Einzelne von ihnen gibt mir jeden Tag von Neuem einen Grund, glücklich zu sein."

Sie sahen schweigend zu, wie die letzten Sonnenstrahlen am Horizont verschwanden. Es war ein wunderschöner Abend. Einer von der Sorte, bei denen man sich wünschte, sie würden nie zu Ende gehen.

Der kleine Buddha dachte über die Fischer und das Altwerden nach. Eigentlich konnte man die Situation eines alten Menschen mit einem Sonnenuntergang vergleichen. Es war ein schöner, vielleicht sogar der schönste Teil des Tages. Der schönste Teil des Lebens. Frei von Erwartungen und gefüllt mit Ruhe. Ein Moment, der alles Schöne in Erinnerung rief und alles Schlechte vergessen ließ.

Und doch löste der Sonnenuntergang auch ein Gefühl von Melancholie in jedem seiner Betrachter aus. Ein Gefühl, dass etwas zu Ende ging. Wahrscheinlich aus lauter Angst vor dem Ende versuchten viele alte Menschen, den Sonnenuntergang des Lebens so weit wie möglich auszudehnen. Sie liefen in großer Aufregung einen Berg hinauf, um die Sonne noch für einige weitere Augenblicke sehen zu können. Anstatt sich hinzusetzen und den besonderen Moment zu genießen, versuchten sie verzweifelt, die Zeit anzuhalten. Und während sie dies taten, zog der besondere Moment fast unbemerkt an ihnen vorüber.

Die alten Fischer hingegen schienen das Älterwerden und den Tod als Teil des Lebens zu akzeptieren und dadurch konnten sie die Zeit, die ihnen blieb, viel besser genießen. Vielleicht waren sie deswegen so glücklich.

Als der Felsen in der Dunkelheit versunken war und es langsam kalt wurde, fingen die Fischer an, ihre Angelsachen einzupacken und sich auf den Weg nach Hause zu machen. Der kleine Buddha bedankte sich bei allen für den schönen und inspirierenden Abend und verabschiedete sich. Kurz bevor er ging, drehte sich der Älteste von den alten Fischern nochmals zu ihm um.

„Es gibt noch etwas anderes, worüber wir bisher nicht gesprochen haben."

Der kleine Buddha schaute ihn gespannt an.

„Wenn du glücklich alt werden willst", sagte der alte Fischer mit ruhiger Stimme, „dann höre niemals auf zu träumen."

Ein Hauch von Magie lag in der Luft.

„Denn wenn du aufhörst zu träumen, ist es Zeit zu sterben."

Die reiche Bäuerin

Vom Geheimnis, zu lieben

Der kleine Buddha verbrachte noch viele weitere Abende mit den alten Fischern auf dem Felsen und noch viele weitere Male sah er der dunkelgelben Sonne zu, wie sie in der Ferne langsam ins Meer eintauchte. Er liebte den Strand und hätte eigentlich noch ewig dort bleiben können.

Irgendwann fing er allerdings an, den großen alten Bodhi-Baum zu vermissen. Obwohl er sich an der Küste sehr wohlfühlte, musste er immer öfter an sein Zuhause denken. Immer öfter ließ er seine Hand in seine Umhängetasche gleiten, um den weißen Stein zu berühren, den er von daheim mitgebracht hatte. Sein Urlaub dauerte nun schon über zwei Monate, vielleicht reichte das einfach.

Er beschloss, seine Reise langsam zu beenden und nach Hause zu gehen.

Der Abschied vom Meer fiel dem kleinen Buddha unheimlich schwer. Es war nie einfach, besondere Orte und gute Freunde zu verlassen. Er fand lediglich etwas Trost, indem er sich vornahm, bald wiederzukommen. Am Morgen seiner Abreise verabschiedete er sich von den Fischern, die extra gekommen waren, um ihm auf Wiedersehen zu sagen.

Dann warf er dem Meer einen letzten Blick zu und ging los.

Anstatt wieder den gleichen Weg zurückzugehen, vorbei an den endlosen Feldern, durch den dunklen Wald und durch die große Stadt, machte sich der kleine Buddha in die genau entgegengesetzte Richtung auf. Es gab nämlich noch eine andere, schnellere Möglichkeit, um zu seinem Bodhi-Baum zurückzugelangen. Allerdings führte dieser Weg drei Tage durch eine große Wüste, ein langer und einsamer Fußmarsch lag also vor ihm. Von der blauen in die gelbe Wüste.

Nachdem er die letzten Wochen und Monate viel Zeit mit so vielen verschiedenen Menschen verbracht hatte, empfand er die Einsamkeit als gar nicht schlimm. Im Gegenteil, er genoss es, in Ruhe über alle seine Erlebnisse nachdenken zu können. Bald musste er jedoch feststellen, dass es ein ganz anderes Problem gab. Der kleine Buddha hatte nämlich die Hitze der Wüste völlig unterschätzt.

Noch bevor die Sonne ihren höchsten Punkt erreicht hatte, konnte er seine Füße schon fast nicht mehr auf den glühenden Sandboden setzen. Es kam ihm vor, als würde alles um ihn herum in Flammen stehen, so heiß war es. Die ganze Erde schien zu brennen. Er konnte kaum noch aufhören zu trinken.

Völlig verzweifelt versuchte er, seinen immer stärker werdenden Durst zu stillen. Er trank so viel, dass bereits kurz nach Mittag sein ganzes Wasser aufgebraucht war. Ihm wurde immer heißer und sein Gang wurde immer langsamer und mühevoller. Er schaute sich um in der Hoffnung, irgendwo ein schattiges Plätzchen zu finden, aber ohne Erfolg. Hier und da sah er einen kleinen Stein oder einen vertrockneten Busch, aber ansonsten nur gelben, glühenden Sand.

Es war das erste Mal auf seiner Reise, dass der kleine Buddha Angst verspürte. Er hatte keine Ahnung, was er machen sollte, wie er sich aus dieser Situation wieder befreien konnte. Auf der Suche nach Schatten hatte er sich bereits so oft um die eigene Achse gedreht, dass er mittlerweile überhaupt nicht mehr wusste, in welche Richtung er gehen sollte. Er hatte völlig die Orientierung verloren. Zwar versuchte er, Ruhe zu bewahren, indem er beim Gehen etwas meditierte, aber es half nichts. Weder sein Durst, die übermächtige Hitze noch seine Angst gingen weg.

Auf einmal wurde ihm schwarz vor Augen und er verlor das Bewusstsein.

Als er wieder zu sich kam, hörte er Kinder spielen und Vögel singen. Ein leichter, kühlender Windzug berührte seine brennende Haut. Er öffnete seine Augen und sah, dass er unter einem Dach aus Palmenblättern lag. Langsam setzte er sich hin.

„Hier, trink etwas." Eine Frau reichte ihm einen Holzkrug mit frischer Kokosnussmilch.

„Danke", sagte der kleine Buddha. Er hatte schrecklichen Durst und trank den Krug mit einem Mal aus. Dann schaute er sich um.

Überall waren Palmen und Lehmhäuser und an jeder Ecke standen große Tonkrüge. Hier und da sah er Menschen in bunten Kleidern umherlaufen und in einiger Entfernung konnte er eine riesige Sanddüne erkennen, die so groß war, dass sie sogar über die Palmen hinausragte.

„Wo bin ich?", fragte er sichtlich verwirrt.

„In einer Oase", antwortete die Frau mit sanfter Stimme.

Der kleine Buddha versuchte, sich zu erinnern, was passiert war. Er dachte angestrengt nach, aber sein Gedächtnis blieb leer. Wieso war er hier?

„Du bist mitten in der Wüste in Ohnmacht gefallen", sagte die Frau schließlich. „Wäre ich nicht zufällig mit meinen Ziegen vorbeigekommen, dann wärst du wahrscheinlich entweder verbrannt oder verdurstet oder beides."

Er starrte sie fassungslos an.

„Du hast viel Glück gehabt", fuhr die Frau fort, „die Wüste verzeiht normalerweise keine Fehler."

Einen Moment herrschte Stille. Die Kinder hatten aufgehört zu spielen, nur der leichte Wind und die Vögel waren noch zu hören.

„Was habe ich denn falsch gemacht?", wollte er von ihr wissen.

Die Frau war über seine Frage verwundert.

„Du warst ganz alleine unterwegs, ohne Schuhe und mit nur einer Wasserflasche. Mitten in der Wüste. Wenn du nicht die Absicht gehabt hattest, dich umzubringen, dann hast du so ziemlich alles falsch gemacht, was man falsch machen kann."

Der kleine Buddha wusste nicht, was er sagen sollte.

Natürlich hatte er sich nicht umbringen wollen.

„Ich wollte eine Abkürzung nach Hause nehmen. Ich hatte nicht damit gerechnet, dass es so heiß werden würde."

Langsam wurde ihm klar, dass er sehr leichtsinnig und naiv gehandelt hatte.

Die Frau schüttelte den Kopf, gab ihm aber gleichzeitig ein mütterliches Lächeln. Der kleine Buddha war nicht der erste Mensch, der die Wüste unterschätzt hatte. Viele Leute dachten, sie könnten sie mal eben und ganz einfach durchqueren. Schließlich sah so eine Wüste ja völlig unschuldig und harmlos aus.

Plötzlich nahm ihre nette und weiche Stimme einen ernsten Ton an.

„Auch eine Abkürzung braucht deine volle Aufmerksamkeit. Nur weil ein Weg kürzer ist als ein anderer, heißt das noch lange nicht, dass er dich auch einfacher ans Ziel bringt. Lass dir diese Erfahrung eine Lehre sein. Jeder Weg im Leben verdient die gleiche Beachtung."

Der ursprüngliche Plan des kleinen Buddha war nun hinfällig geworden. Anstatt so schnell wie möglich nach Hause zu seinem Bodhi-Baum zu gehen, war er gezwungen, einige Tage in der Oase zu bleiben. Er war noch zu schwach, um die anstrengende Reise durch die Wüste fortzusetzen. Die Frau hatte ihm außerdem eindringlich geraten, nicht alleine weiterzugehen. Es dauere nur ein paar Tage, bis eine Karawane mit Händlern an der Oase vorbeikommen würde, und es wäre viel sicherer für den kleinen Buddha, zusammen mit den Händlern die restliche Wüste zu durchqueren. Ihm blieb also nichts anderes übrig, als geduldig auf die Karawane zu warten.

Vormittags ruhte sich der kleine Buddha unter einer der vielen Dattelpalmen aus und sammelte neue Kraft, die er für seine verbleibende Reise brauchte. Nachmittags verbrachte er die meiste Zeit mit der Frau, die ihn gerettet hatte. Wie fast alle anderen Bewohner der Oase war sie eine einfache Bäuerin. Zusammen mit ihrem Mann und ihren zwei Kindern besaß sie ein Stück Land, auf dem sie verschiedenes Obst und Gemüse anbaute. Dazu hatten sie noch eine kleine Herde mit zehn Ziegen, die ihnen täglich frische Milch gaben. Jeden Nachmittag ging die Bäuerin mit ihren Ziegen in der Wüste spazieren. In der Zeit, in der er auf die Karawane wartete, begleitete der kleine Buddha sie dabei. Abgesehen von der netten Gesellschaft war es für ihn auch eine gute Gelegenheit, sich an das Wüstenklima zu gewöhnen.

Eines Tages stiegen sie auf dem Rückweg die große Sanddüne hinauf, die sich ganz in der Nähe der Oase befand. Oben angekommen, blieben sie eine Weile stehen und genossen den herrlichen Ausblick. Die Oase wirkte aus der Entfernung sogar noch friedlicher, als sie ohnehin schon war. Fast schon ein wenig paradiesisch lag sie inmitten eines Meeres von Sand. Außer der Oase gab es sonst nämlich nichts anderes. Soweit das Auge reichte, überall war nur Sand.

„Die Wüste hat wirklich viel Ähnlichkeit mit dem Meer", dachte sich der kleine Buddha. Die Einfachheit, die unendliche Weite, die Stille und auch die verborgenen Kräfte. All diese Dinge machten sowohl das Meer als auch die Wüste zu etwas ganz Besonderem.

Gleichzeitig konnten beide aber auch unangenehme Gefühle hervorbringen. Die wilden Stürme zum Beispiel, die selbst den stärksten Männern Angst einjagten. Oder die endlose Monotonie, die jede Person in den Wahnsinn treiben konnte. Oder natürlich die stille Leere, die einem das Gefühl geben konnte, man wäre der einzige Mensch auf der Erde.

„Hast du dich hier noch nie einsam gefühlt?", fragte der kleine Buddha die Bäuerin.

„Nein, einsam habe ich mich hier noch nie gefühlt. Ich habe ja meine Familie und meine Freunde. Aber es gab eine Zeit, als ich jünger war, da habe ich mich hier schrecklich gelangweilt. Jeder Tag schien gleich zu sein, immer die gleichen Tätigkeiten und fast immer die gleichen Gesichter. Ständig nur Sonne, Sand und ein paar Palmen um einen herum."

Die Bäuerin hielt einen Moment inne und ließ ihren Blick über den Horizont wandern.

„Irgendwann habe ich es hier nicht mehr ausgehalten."

„Und was hast du dann gemacht?", fragte der kleine Buddha neugierig.

„Ich bin in die Stadt gegangen, um ein anderes Leben kennenzulernen."

Während sie oben auf der großen Sanddüne standen und halb träumend auf den weiten Horizont blickten, erzählte die Bäuerin dem kleinen Buddha von ihrer Erfahrung in der Stadt.

„Ich habe zwei aufregende Jahre dort verbracht, zwei Jahre, die ich nicht missen möchte. Ich habe viele neue Menschen kennengelernt und jeden Tag viele neue Dinge gesehen und erlebt. Nach einiger Zeit fand ich eine gute Arbeit und verdiente genug Geld, um mir ein schönes Haus zu mieten und alles zu machen, was ich wollte. Für eine Weile hatte ich genau das Leben, wovon ich hier in der Wüste immer geträumt hatte.

Irgendwann fing ich dann aber an, mich auch in der Stadt zu langweilen. Ich hatte zwar genügend Geld, um ein schönes Leben zu führen, aber ich war nicht wirklich glücklich. Die anfangs so aufregenden Tage und Nächte begannen, sich zu wiederholen. Ich überlegte eine Zeit lang, in eine andere Stadt zu gehen, aber ich hatte das Gefühl, dass mich das auch nicht glücklicher machen würde. Also bin ich in die Wüste zurückgekehrt. Zu meiner Familie, zu meinen alten Freunden. Zu der Sonne, dem Sand und den Palmen. Zurück nach Hause.“

Stille. Nur ein leichter Wüstenwind war zu hören.

„Es war gut, dass ich damals in die Stadt gegangen bin. Ich habe dort viel Schönes erlebt, aber vor allem hat mir diese Erfahrung gezeigt, was für ein besonderes Leben ich hier in der Oase habe.

*Ich glaube, manchmal
muss man weggehen,
um das lieben zu lernen,
was man zurücklässt."*

Der kleine Buddha dachte an sein eigenes Zuhause. Noch vor wenigen Monaten war er wegen seiner Einsamkeit so frustriert gewesen, dass er die schönen Seiten seiner Heimat kaum noch gesehen hatte. Jetzt hingegen freute er sich darauf, wieder zurückzukehren. Manchmal war es in der Tat das Beste, eine Weile wegzugehen. Eine kleine Pause vom Alltag zu nehmen, damit man wieder all die Dinge schätzen lernt, die selbstverständlich geworden sind.

„Weißt du", fuhr die Bäuerin fort, „hier draußen in der Wüste führe ich ein sehr einfaches und bescheidenes Leben. Aus Sicht der Stadtmenschen bin ich sogar sehr arm. Ich habe kaum Geld und nur wenige Besitztümer."

Sie begann, zufrieden zu lächeln.

„Aber das macht überhaupt nichts. Um wirklichen Reichtum zu verspüren, hilft einem ohnehin kein Geld. Es macht bestimmte Dinge einfacher, das ist richtig, aber es macht niemanden reich."

„Was macht einen Menschen denn reich?", fragte der kleine Buddha.

„Liebe", sagte die Bäuerin. „Liebe macht jeden Menschen reich. Und da man Liebe nicht kaufen kann, ist es auch völlig egal, wie viel Geld man hat."

Ihr Blick folgte einem Vogel, der ruhig durch die Luft segelte.

„Weißt du, wann du wirklich reich bist?"

Sie wandte sich von dem Vogel ab und schaute dem kleinen Buddha direkt in die Augen.

„Wenn du genug Liebe hast, um anderen etwas davon abzugeben. Wenn du dankbar bist, mit anderen teilst, ihnen vertraust und sie respektierst. Wenn du Liebe zeigst für deine Mitmenschen, für die Natur und für das Leben."

Für eine Weile herrschte wieder Stille. Die Sonne berührte langsam den Horizont.

„Und du, fühlst du dich reich?", fragte der kleine Buddha.

„Ja", antwortete die Bäuerin, ohne zu zögern.

„Ich liebe und ich werde geliebt.
Also bin ich reich.

Natürlich könnte ich versuchen, mehr Geld und mehr Besitztümer zu erlangen, aber es würde mich kein bisschen reicher machen."

Ein mächtiger König

Vom Geheimnis, zu vertrauen

*E*ine Woche später traf die Karawane ein. Nachdem sich die Händler, die Kameltreiber und auch die Kamele einen Tag ausgeruht hatten, begann für den kleinen Buddha die letzte Etappe seiner Reise. Er bedankte sich bei der reichen Bäuerin für die schöne Zeit, die sie zusammen verbracht hatten, und natürlich auch dafür, dass sie sein Leben gerettet hatte. Dann bestieg er eines der Kamele und verschwand mit der Karawane in der Wüste.

Die Sonne brannte wie verrückt. Fast so, als würde sie die Erde zum Schmelzen bringen wollen. Zum Glück war der kleine Buddha dieses Mal aber besser vorbereitet. Von der reichen Bäuerin hatte er einen Turban und ein Gewand zum Schutz vor der Sonne bekommen und auch genügend Wasser zum Trinken. Außerdem musste er nicht mehr selber Schritt für Schritt durch den Sand gehen, sondern saß ein gutes Stück von dem glühenden Boden entfernt hoch oben auf seinem Kamel.

Er ritt zwischen einem der insgesamt vier Kameltreiber auf der einen Seite und einem dicken, leider sehr schlecht gelaunten Händler auf der anderen Seite. Während sich der kleine Buddha und der Kameltreiber angeregt unterhielten, sagte der Händler die ganze Zeit kein Wort. Er schien noch nicht einmal zuzuhören. Nur ab und an brummte er etwas vor sich hin, was jedoch niemand verstand.

„Warum ist er so schlecht gelaunt?", fragte der kleine Buddha den Kameltreiber mit flüsternder Stimme.

„Weil wir über eine Woche zu spät sind. Eigentlich hätten wir die Wüste schon längst durchquert haben müssen." Er zuckte mit den Schultern. „Eigentlich ist das gar nicht so schlimm, aber viele der Händler sind sehr ungeduldige Menschen. Wenn etwas länger dauert als vorhergesehen, bekommen sie deswegen schnell schlechte Laune."

„Warum ist die Karawane denn zu spät?", wollte der kleine Buddha wissen.

„Einige der Kamele waren krank und daher konnten wir nicht rechtzeitig aufbrechen. Natürlich ist das gerade für die Händler ärgerlich, das verstehe ich ja. Sie müssen ihre Waren so schnell wie möglich ans Ziel bringen, um sie verkaufen zu können. Trotzdem denke ich, dass sie manchmal etwas gelassener sein könnten. Sie sollten der Natur gegenüber etwas demütiger sein und lernen, den Lauf des Lebens manchmal einfach zu akzeptieren. Die Dinge so zu nehmen, wie sie sind. Denn auch wenn man nicht immer alles versteht, passiert doch das meiste im Leben aus einem guten Grund."

„Wie meinst du das?"

„Wie ich das meine? Nun, wer weiß, wofür unsere Verspätung gut war."

Der kleine Buddha guckte ihn immer noch ziemlich ahnungslos an.

„Ich werde dir eine Geschichte erzählen", sagte daraufhin der Kameltreiber, „dann wirst du verstehen, was ich meine."

Vor langer Zeit gab es einen sehr mächtigen König, der ein großes Land regierte. Es war ein guter König. Er half den Menschen, so gut er konnte, und er sorgte für Frieden im ganzen Land. Der König wurde sehr respektiert, keiner wagte, etwas Schlechtes über ihn zu sagen, keiner wollte in seine Ungunst fallen.

Der König hatte zahlreiche Minister, die für ihn arbeiteten. Schließlich konnte er ein ganzes Königreich nicht alleine verwalten. Einer seiner Minister stand ihm besonders nahe, über die Jahre hatte sich eine enge Freundschaft zwischen ihnen entwickelt. Leider war es aber so, dass diese Freundschaft zu Neid unter den anderen Bewohnern des königlichen Hofes führte. Ständig wurde versucht, dem Lieblingsminister des Königs eins auszuwischen. Jedoch immer ohne Erfolg.

Eines Tages saß der König zum Haareschneiden bei seinem königlichen Friseur. Plötzlich rutschte dem Friseur die Schere aus, was zur Folge hatte, dass dem König das rechte Ohr abgetrennt wurde. Der König schnaufte vor Wut. Wie hatte so etwas passieren können?

Schnell sprach sich die Neuigkeit von dem abgetrennten königlichen Ohr am Hofe herum. Einige der Neider hörten ebenfalls von dem Vorfall. Sie beschlossen, die Neuigkeit dem Lieblingsminister zu erzählen. Sie fanden ihn in seinem Haus und berichteten ihm von dem abgetrennten Ohr. Der Minister hörte aufmerksam zu. Anschließend sagte er: „Was auch immer Gott tut, geschieht nur zum Besten."

Die Neider witterten ihre Chance. Schnell eilten sie zum König und erzählten ihm von der Reaktion seines Lieblingsministers.

„Wie bitte?", sagte der König erbost. „Wie kann er es wagen zu sagen, dass irgendetwas Gutes daran ist, dass ich mein Ohr verloren habe?" Der König war sehr zornig über die Reaktion seines Lieblingsministers. So zornig, dass er den Minister ins Gefängnis einsperren ließ. Die Neider konnten sich ein siegreiches Lachen kaum verkneifen.

So kam es also, dass der Minister bei Wasser und Brot im Gefängnis saß. Viele Freunde und Kollegen kamen ihn besuchen. Es war kein schöner Anblick, den sie dort vorfanden. Die Zelle des Ministers war klein, kalt und dreckig und auch der Minister selber war nicht schön anzusehen. Es war also verständlich, dass sich seine Freunde und Kollegen Sorgen machten. Aber jedes Mal, wenn sie ihn fragten, wie es ihm ginge, sagte der Minister: „Mir geht es gut. Ich weiß, dass was auch immer Gott tut, nur zum Besten ist."

Und tatsächlich, er wirkte überhaupt nicht niedergeschlagen, sondern machte einen den Umständen entsprechend sehr positiven Eindruck.

Dass es dem Minister gut ging, freute seine Neider natürlich weniger. Wieder gingen sie zum König und berichteten ihm von den Worten seines Lieblingsministers.

„Nun", sagte der König, „wenn er meint, dass es für ihn das Beste ist, wenn er im Gefängnis sitzt, dann kann er ja ruhig dort bleiben." Dies zauberte ein Lächeln zurück in die Gesichter der Neider.

Somit blieb der Minister also im Gefängnis. Sein Wohlbefinden verschlechterte sich allerdings nicht, weiterhin sagte er, dass Gottes Taten immer nur zum Besten seien.

Einige Wochen vergingen und allmählich brach die Zeit an, zur Jagd zu gehen. Auch der König war ein leidenschaftlicher Jäger. Eines Morgens machte er sich also auf in den Wald. Er jagte den ganzen Tag. Doch dann, als die Nacht hereinbrach, wurde der König plötzlich von einer Bande Krimineller überrascht. Wie sich schnell herausstellte, handelte es sich um Kannibalen. Nicht auf des Königs Gold hatten sie es abgesehen, sondern auf sein Fleisch.

Sie schleiften ihn zu ihrem geheimen Versammlungsplatz, wo schon ein riesiger Kessel auf dem Feuer stand. Der König wurde zum Kochen vorbereitet.

Kurz bevor sein Leben zu Ende zu sein schien, kam der Medizinmann der Kannibalen zu ihm und inspizierte ihn von Kopf bis Fuß. Auf einmal gab es ein großes Geflüster unter den Kannibalen und binnen weniger Augenblicke wurde der König wieder auf freien Fuß gesetzt. Was war passiert?

Nun, das „kannibalische Reinheitsgesetz" schrieb vor, dass nur solche Menschen gegessen werden durften, deren Körper in einem makellosen Zustand waren. Als der Medizinmann den König untersuchte, hatte er gesehen, dass ihm ein Ohr fehlte, und somit war der König auf einmal für die Kannibalen uninteressant geworden. Der König war gerade noch dem kochenden Kessel entkommen.

Wieder zurück in seinem Palast fiel dem König ein, was sein Minister gesagt hatte. Er hatte in der Tat recht gehabt. Hätte der Friseur ihm nicht das Ohr aus Versehen abgeschnitten, wäre er mittlerweile wohl schon in den Bäuchen der Kannibalen gelandet. Der König ließ sofort den Minister aus dem Gefängnis befreien und bestellte ihn zu sich. Er erzählte dem Minister, was ihm im Wald widerfahren war, und gestand, dass er ihm unrecht getan hatte. Dennoch war der König noch nicht ganz von den weisen Worten seines Lieblingsministers überzeugt.

„Ich begreife ja jetzt, dass es für mich das Beste war, dass ich mein Ohr verloren habe. Aber warum soll es für dich gut gewesen sein, dass du im Gefängnis gesessen hast?"

„Diese Frage kann ich dir ganz einfach beantworten", sagte der Minister. „Normalerweise wäre ich mit dir zusammen auf die Jagd gegangen und somit hätten die Kannibalen auch mich gefangen genommen. Du bist mit dem Leben davon-

gekommen, weil dir ein Ohr fehlte. Mein Körper ist jedoch in einem makellosen Zustand und deswegen hätte ich die Reinheitsprüfung der Kannibalen bestanden und wäre gekocht worden.

Wie du siehst: Was auch immer Gott tut, geschieht nur zu unserem Besten!"

Der Kameltreiber und der kleine Buddha schwiegen beide für einige Momente, während sie langsam weiter durch die Wüste ritten.

„Weißt du jetzt, was ich meine, wenn ich sage, dass unsere Verspätung für etwas gut war?"

Der kleine Buddha nickte.

„Wenn wir rechtzeitig aufgebrochen wären", fuhr der Kameltreiber fort, „dann wären wir vielleicht in einen schrecklichen Sandsturm gekommen oder vielleicht hätten uns Banditen überfallen. Oder stell dir vor, die Kamele wären unterwegs krank geworden und wir hätten mitten in der Wüste festgesteckt."

„Vielleicht wäre aber auch gar nichts passiert", bemerkte der kleine Buddha. „Wer weiß das schon."

Er nahm einen großen Schluck Wasser aus seiner Flasche und schaute dabei nach rechts neben sich, um zu sehen, ob der Händler ihnen zuhörte. Doch dem war nicht so. Der schlecht gelaunte Mann war auf seinem schaukelnden Kamel eingeschlafen.

„Du hast recht, wir wissen nicht, was passiert wäre", sagte der Kameltreiber. „Aber das ist auch nicht wichtig.

> *Wichtig ist einfach, zu vertrauen.*
> *Loszulassen und zu vertrauen,*
> *dass nichts ohne Grund passiert.*

Dass alles richtig ist, so wie es ist."

„Ich weiß, was du meinst", sagte der kleine Buddha, „aber ich denke, dass die meisten Menschen eine Sache zuerst mit dem Verstand verstehen müssen, bevor sie ihr vertrauen können. Und wie sollen sie Vertrauen haben in eine Macht, die selbst ein mächtiger König kaum versteht?"

„Ja, das ist schwierig, das gebe ich zu. Aber genau hier liegt auch das Problem.

> *Man kann nicht mithilfe*
> *des Verstandes vertrauen.*
> *Vertrauen kann man nur mit dem Herzen."*

Der Kameltreiber ließ seinen Blick zum Horizont gleiten.

„Ich verstehe vielleicht nicht immer, warum etwas passiert, aber dennoch passiert es. Anstatt nun verzweifelt zu versuchen, doch irgendetwas zu verstehen, entscheide ich mich lieber dafür, einfach zu vertrauen. Natürlich ist das nicht immer leicht, denn um blind zu vertrauen, braucht man viel Mut. Aber den Mut aufzubringen lohnt sich, denn für mich ist Vertrauen eines der schönsten Gefühle, die es gibt. Ein Gefühl, das man nicht verstehen kann und auch nicht verstehen muss. Ich schließe also meine Augen und vertraue darauf, dass alles nur zu meinem Besten passiert."

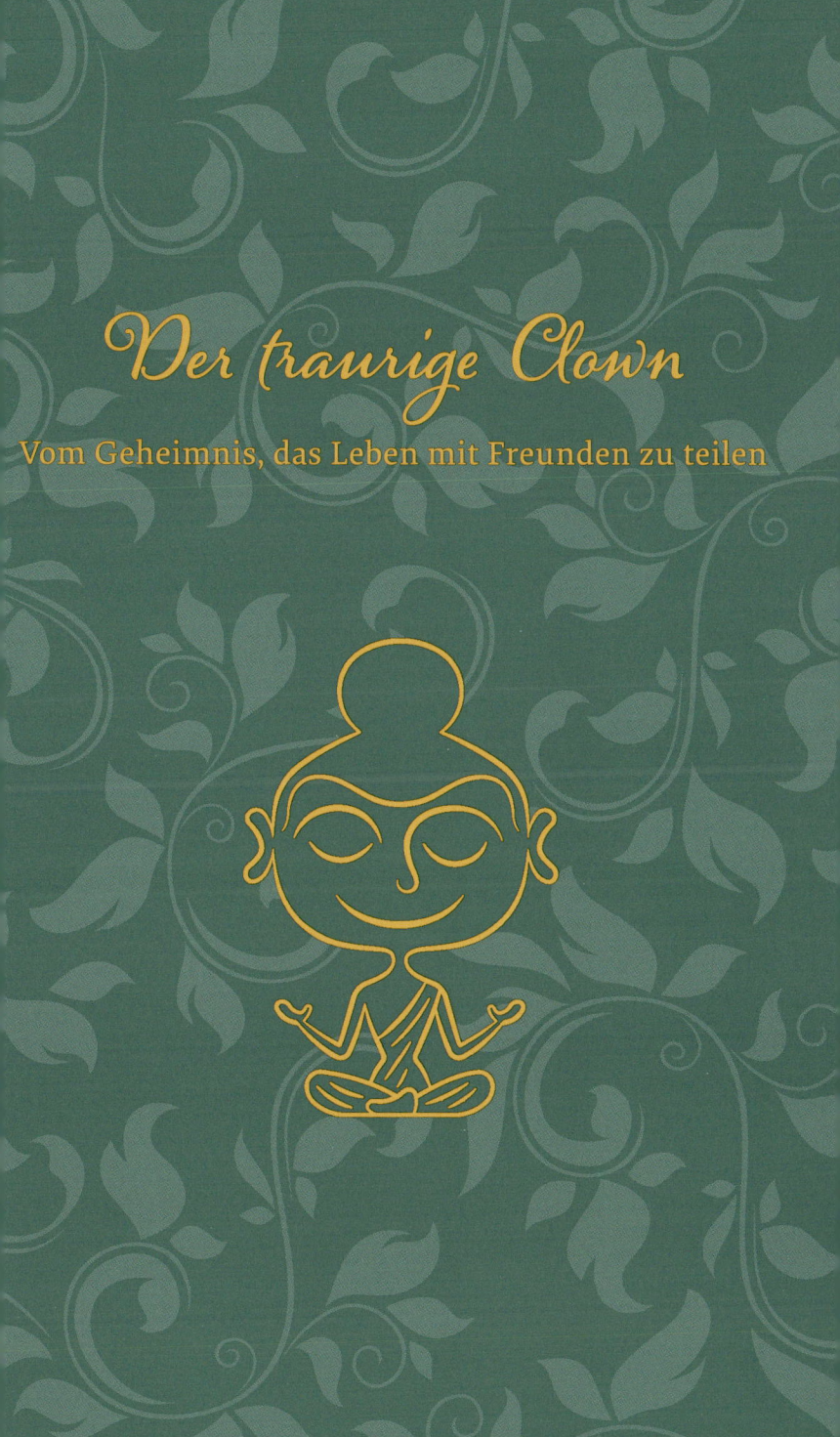

Der traurige Clown

Vom Geheimnis, das Leben mit Freunden zu teilen

Nach drei langen Tagen in der Wüste und einem weiteren halben Tag in den Hügeln zwischen der Wüste und seiner Heimat kam der kleine Buddha endlich zu Hause an. Als er den großen alten Bodhi-Baum aus der Ferne sah, begann er, Freudensprünge zu machen. Es fühlte sich großartig an, nach so langer Zeit wieder an einem vertrauten Ort zu sein. Er genoss jeden einzelnen Moment seiner Rückkehr.

Die Tage vergingen und es dauerte nicht lange, da war er schon wieder über eine Woche zu Hause. Nachdem die Anfangseuphorie der Rückkehr abgeklungen war, begann der kleine Buddha, viel an seine Reise zu denken. An all die schönen Zeiten, die besonderen Orte und die einzigartigen Menschen. Er fragte sich, was schöner war: nach einigen Monaten endlich wieder zurück nach Hause zu kommen oder nach langer Zeit an einem vertrauten Ort ins abenteuerliche Unbekannte aufzubrechen. Hinaus in die weite Welt.

Er dachte dabei an den Unterschied zwischen einem See und einem Fluss. Das Meditieren unter seinem Bodhi-Baum glich der Stille eines klaren Sees in den Bergen. Jeder Moment gefüllt mit völliger Ruhe und Ausgeglichenheit. Das Reisen hingegen folgte eher der Dynamik eines Flusses. Nie am gleichen Ort verweilen, sondern immer in Bewegung sein. Mal schnell, mal langsam, aber immer weiter. Dieser stetige Wandel kostete natürlich viel Kraft, aber die endlosen Möglichkeiten machten das Leben sehr spannend. Wie ein wilder Fluss, der nicht unbedingt besser, aber meistens attraktiver war als ein ruhiger See. Zumindest auf den ersten Blick.

Neben dem wunderbaren und steten Wandel gab es allerdings eine andere Sache, die der kleine Buddha noch mehr vermisste: seine neuen Freunde. Sie waren es, die ihn auf seinem Weg zum Glück begleitet hatten, von ihnen hatte er gelernt, was es heißt, gute Freunde zu haben und worauf es im Leben wirklich ankommt. Viele der Menschen, denen er begegnet war, waren Teil seines Lebens geworden. Die mutige Witwe, der erfolglose Verkäufer, die blinde Hexe und der geduldige Gärtner. Selbst den hektischen Herrn Singh vermisste er. Genau wie die glückliche Bäckerin, den zweifelnden Krieger und die Gruppe der alten Fischer. Er dachte an die reiche Bäuerin und an den Kameltreiber und an all die Geschichten, die er von diesen Menschen erzählt bekommen hatte. Jeder einzelne Abschied war ihm schrecklich schwergefallen.

Eine weitere Woche verging und obwohl der kleine Buddha glücklich war, wieder zu Hause unter seinem Bodhi-Baum zu sein, dachte er immer noch oft mit Wehmut an seine Reise und seine Freunde zurück. Eines Morgens bekam er dann auf einmal Besuch von dem Postboten. Es war das erste Mal, dass er Post bekam.

Während er sich fragte, von wem der Brief sein könnte, öffnete er ihn mit zitternden Händen. Er nahm ein beschriebenes Blatt heraus und begann zu lesen:

„Hallo mein Freund. Ich hoffe, dir geht es gut. Seitdem du weg bist, habe ich viel geschrieben, mit meinem Buch komme ich gut voran. Zwischendurch habe ich sogar noch Zeit gefunden, um ein paar Gedichte zu schreiben. Bei einem dieser Gedichte habe ich mich von dir und deinen Reisen inspirieren lassen. Du findest es im Anschluss an diese Zeilen. Ich hoffe, es gefällt dir.

Auf dass sich unsere Wege bald wieder kreuzen werden.“

Der Brief war von dem Verkäufer aus der Stadt. Es war genau das, was der kleine Buddha in diesem Moment brauchte: ein paar Worte von einem guten Freund.

Er las weiter, neugierig, was es für ein Gedicht sein würde.

Es war einmal ein Clown
Der reiste ganz allein
Durchs Land und um die Welt
In Freiheit wollt er sein

Sein Leben hatte viele schöne Seiten
Er war glücklich fast das ganze Jahr
Den Menschen schenkte er ein Lachen
Ein Clown zu sein war wunderbar

Doch etwas trübte seine Freude
Etwas brachte ganz viel Leid
Es war der Abschied von neuen Freunden
Der Grund für seine Traurigkeit

Wenn sich ihre Wege wieder trennten
Dann fühlte er tief den Schmerz
Dann rollten riesige Tränen
Aus seinem großen Herz

Zum Glück kam aber eines Tages
Ein alter Mann mit weisem Rat
Sei traurig, sagte er, doch nicht zu lange
Denn gute Freunde sind für immer da

Und glaube mir, nach jedem Ende
Kann nur ein neuer Anfang stehen
Darum folgt auf jeden Abschied
Auch stets ein Wiederseh'n

Der kleine Buddha lächelte. „Wie beruhigend die letzten Worte waren", dachte er sich.

Für den Moment war er wieder glücklich. Und etwas anderes als der Moment war unter dem großen alten Bodhi-Baum sowieso nicht wichtig.

Gute Freunde sieht man immer wieder. Dieses Wissen zu haben – oder besser noch, dieses Gefühl – tat einfach gut.

„Also dann", fuhr er in Gedanken fort.

„Bis zum nächsten Mal."

Über den Autor

Claus Mikosch wurde Mitte der siebziger Jahre in Mönchengladbach geboren. Nach dem Abitur ist er mit großer Leidenschaft durch die Welt gereist, bevor er über Indien und England in Andalusien gelandet ist. Heute pendelt er als Autor und Filmemacher zwischen Deutschland und Spanien. Mit seinen Büchern über den sympathischen kleinen Buddha ist ihm ein außergewöhnlicher Erfolg gelungen. Inzwischen sind fünf Bücher in der beliebten Reihe erschienen. Mehr Infos: www.clausmikosch.com

Geschichten, die verzaubern

64 Seiten | Gebunden
ISBN 978-3-451-03328-5

Ein liebevoll gepackter Rucksack mit allen Weisheitsgeschichten des kleinen Buddha!

Immer wieder hat der kleine Buddha in seinen mittlerweile fünf Abenteuern beispielhafte Gleichnisse erzählt und mit ihnen seine Philosophie veranschaulicht. In diesem Bändchen erwartet die Leser nun die Essenz seiner Gedanken – in Form tiefsinniger Geschichten und prägnanter Lebensweisheiten. Das richtige Marschgepäck für den Weg durchs Leben!

In jeder Buchhandlung!

HERDER

www.herder.de

Neuausgabe 2023

© Verlag Herder GmbH, Freiburg im Breisgau 2013
Alle Rechte vorbehalten
www.herder.de

Umschlagkonzeption: Verlag Herder
Umschlag- und Innenillustrationen: © Gert Albrecht;
© www.shutterstock.com; © Naddiya/GettyImages

Satz: Arnold & Domnick, Leipzig
Herstellung: PBtisk a.s., Příbram
Printed in Czech Republic

ISBN 978-3-451-03435-0